Andrea De Rocco

Diserzioni

naufragi nell'oceano di suono

prefazione di Mirco Salvadori

Isbn: 978-1-326-78374-7

Diserzioni è una trasmissione radiofonica in onda ininterrottamente dal 1989 che attraverso i nuovi suoni elettronici, ambient, post dubstep, witch house, future garage, post rock, ethereal, modern classic, shoegazing cerca vie di fuga, stimoli per danze neurali.

Questa è una raccolta di riflessioni (o deliri, forse) sul mondo sonoro che ogni settimana viene indagato all'interno della trasmissione.
Originalmente pubblicati sul portale multimediale sherwood.it (dal 2011 al 2016)

Prefazione

Alcuni dicono io sia, assieme al mio fratello 93Max93, colui che ha insegnato ad alcune generazioni collegate via etere il gusto dell'ascolto diverso. Sembra io e Max si sia riusciti a contaminare tante persone con un segnale che per parecchi anni ha invaso la modulazione di frequenza visibile solo ai molti tra i pochi ascoltatori decisi a osare il cambiamento.

Solo alcuni però, tra questi pochi, poi decisero di proseguire quanto noi di "Nocturnal Emission" avevamo iniziato, quasi esistesse una dinastia della condivisione che portava i più appassionati a proseguire l'opera ideata da coloro che per primi si erano inventati un programma dedicato ad una radio utopisticamente dissimile, irregolare, per nulla uguale a quanto si proponeva (e si propone) negli insopportabili palinsesti radiofonici di mezzo mondo.

Ho ancora ben presente i nomi dei vari programmi e le espressioni dei ragazzi che li conducevano, cari amici con i quali tutt'ora ci si confronta musicalmente.

Tra tutti questi pionieri dell'etere però solo uno è riuscito a resistere all'onda d'urto causata dal cambiamento post-2.0, ha tenuto duro dentro quel fortino smilitarizzato dal quale si predicava e si predica tutt'ora la Diserzione senza se e senza ma. Andrea De Rocco è il Disertore, colui che da anni, da molti anni, se ne sta di vedetta, solitario nella sua torretta di osservazione e lancia segnali durante le "...notti insonni dedicate alla feroce passione per il suono...".

"Diserzioni" è l'ultimo nostro intimo baluardo contro l'assimilazione del suono e delle modalità con le quali viene proposto nei network radiofonici. Dal 1989 ad oggi, settimana dopo settimana, cambiando suoni e metodologia di trasmissione, sempre con lo sguardo in avanti e quella poca nostalgia ben celata nei ricordi.

Una trasmissione costruita sui suoni ma anche sulle parole, parole scritte da Andrea e pubblicate sul Blog che prende il nome dal suo programma e trova spazio nella sezione musica e cultura del portale Sherwood.it. Pensieri scritti mentre il suono vaga nella notte, annotazioni di viaggio riunite in una preziosa raccolta prima che il tempo le disperda.

Da buon amico e cattivo maestro del magnifico disertore, da naufrago nello stesso meraviglioso mare perennemente in tempesta , non posso che consigliare la lettura di queste pagine.

Sará un bell'andare, credetemi.

Mirco Salvadori

febbraio 2011
Smells Like Teen Spirit
Dedicato a chi respira suoni

Dopo qualche giorno nella "dark country" inglese, arrivo a Londra, città che un tempo frequentavo abitualmente alla ricerca di materiali sonori. *"But the time are changing"* e quei piccoli store di suoni sono oramai spariti con l'arrivo della net-culture.

Poco male, finalmente posso godermi la città senza la corsa alla ricerca di quello che da sempre a Londra era l'oggetto del desiderio.

Ma sento che manca qualcosa, c'è un'aria diversa, non riconosco i luoghi, o meglio non ritrovo i suoni. Quelle stradine di Soho che prima erano piene di piccoli negozi musicali, le ricordavo anche piene di suono che usciva dalle porte.

Adesso sono silenti. Frequentate ancora da miriadi di giovani con cuffia che entrano ed escono dai locali muniti delle tecnologie più recenti. Si siedono ai caffè o nelle splendide piccole tea room, con i loro I-Pad e I-Pod a godersi la loro tisana mentre sono immersi nell'infosfera.

C'è una certa eccitazione dell'olfatto in queste street, profumi escono da ogni dove, erbe aromatiche e spezie colpiscono l'olfatto con morbida sensualità.

Del resto ci si può permettere di non guardare oltre il proprio schermo acceso, di non sentire fuori delle proprie cuffie, di non toccare niente, di non mettere niente in bocca, ma non possiamo smettere di annusare ad ogni respirazione.

L'olfatto è il senso muto, non ha parole, non ha forma, ma ci permette di far passare il mondo attraverso il nostro corpo ad ogni respiro.

I profumi sono delle melodie olfattive, ma a chi respira suoni manca quella vibrazione dell'aria che animava questo effervescente quartiere.

febbraio 2011

Suoni spettrali s'aggirano per la rete

Ci sono un sacco di fantasmi e case stregate in giro.

Sembra che negli ultimi anni sonorità oscure degne di tale nome stiano tornando alla luce, seppur in forme diversissime.

Perché tutto questo parlare di fantasmi, di tenebre ed esoterismi nella musica oggi?

Forse, questi primordiali termini parte di tutte le culture, sono così presenti nella musica odierna perché mai come oggi è stata cosi incorporea e evanescente, soprattutto la musica elettronica, e poi l'uso del campionamento fa rivivere suoni persi nella memoria. Molti artisti elettronici costruiscono una specie di canzoni non canzoni, forse definibili come solo delle entità, tanto che si è chiamato "hauntology" questo modo di comporre.

Che cosa è hauntology? Il termine deriva da un libro, "Spettri di Marx", del filosofo francese Jacques Derrida. L'ossessione dello spettro, del fantasma che è contemporaneamente presente/assente, che sfida quindi il discorso musicale a cercare il suo limite, appartiene all'ultimo Derrida, alla sua riflessione: "Uno spettro è allo stesso tempo visibile e invisibile, allo stesso tempo fenomenico e non fenomenico: una traccia che segna anticipatamente il presente della sua assenza. La logica spettrale è di fatto una logica decostruttiva".

Sembra di vivere in un periodo in cui nella musica il principio di incompleto, di non completamente definibile è essenziale. Come gli spettri che sono sconvolgenti perché non sono ben definiti, perché sono corpi incorporei e possono esistere soltanto alle soglie del sensibile, nelle suggestioni.

"Il segnale delle onde delle radio pirata nell'etere che fluttua nella notte londinese" così immaginava e descriveva la sua musica Burial. Ed è un segnale che ribolle di rabbia soppressa, ma anche di grazia aleggiante, di quell'angelica tenerezza che ricorda i fantasmi/angeli del cielo sopra Berlino di Wenders.

E nonostante Burial si ispiri alla vita londinese, associare la sua musica a un luogo sembra impossibile, perché quell'intreccio di euforia e tristezza, quelle sensazioni confliggenti di opportunità e costrizioni possono essere capite in ogni luogo e soprattutto in quel non-luogo che è la rete.

In linea con questa avanzata di fantasmi, tenebre ed esoterismi nel mondo musicale underground, è proprio nella rete che sta nascendo un fenomeno che ha già assunto le diverse denominazioni "witch house", "haunted house" o "drag".

Cresciuti con l'isolazionismo da cameretta e web-accesso orizzontale a tutte le musiche prodotte nell'ultimo secolo, questi musicisti non si riconoscono in una scena localizzata nemmeno in un'onda, perché l'onda è il mondo stesso e la musica è infinita, preferiscono piuttosto parlare di comunità nelle intenzioni.

Si può essere a Parigi, Londra o New York, si può andare dalla darkwave al dubstep e dallo shoegaze all'elettronica, all'hip hop, ma il modo in cui il tutto è elaborato mira ad esaltarne gli aspetti più inquietanti, ingigantendo i dettagli per mostrarne le mostruosità come in letteratura aveva fatto Ballard nella sua Atrocity Exhibition. Oppure semplicemente questi suoni assumono delle insolite tonalità notturne e le voci sembrano venire da mondi distanti sepolte come sono dal sound.

Insomma sembra che ci sia un nuovo vocabolario musicale emergente, incentrato da un lato su suoni oscuri che sono stati resuscitati e ri-articolati e dall'altro sul modo in cui la voce viene manipolata per creare umori e atmosfere definite amorfe, di natura spettrale. Ghost voices.

E'qualcosa di simile a ciò che accadde nel film Inception, dove la musica rallenta e si fa impalpabile come un limbo tra gli strati dei sogni (anche gli incubi sono sogni).

Le "memorie del futuro", quell'estetica iniziata qualche anno fa dai dischi di Burial, Kode9 e da etichette come Ghost box, Mordant Music ecc., è tracimata fino a creare un'immaginario intero.

Accanto ai nomi sopracitati, alcune band più intelligibili si stanno facendo largo. Nomi come Salem, Balam Acab, White Ring, Modern Witch, Creep, oOoOO, Lake Radio, Raw Moans.... e poi principalmente nell'uso delle voci, James Blake, Pariah, How to Dress Well, Forest Swords...

La fremente intensità di questi suoni riuscirà a ferire e guarire gli ascoltatori più attenti e sensibili, ri/attivando passioni mai sopite....

...nelle cuffie "Martin Hannett's Ghost" dove troviamo Lake Radio intento a stravolgere "The Eternal" dei nostri cari Joy Division.

febbraio 2011

Cast away (sfogo dopo un dj-set)

Ora basta!

Basta con i fantastici 'anta, con rollinstoni e punkarelli dell'eterna adolescenza.

Do you remember? Quella sì era musica! Era suonata davvero!

Ma vi sciroppate veramente il laudano di vite spericolate e genio e sregolatezza?

E del messaggio che abbatte il potere?

In musica una grande rivoluzione è avvenuta: quella digitale.

Oggi chiunque è in grado di fare musica, vi sembra poco?

Certo c'è il rischio che il talento e l'immaginazione siano sommersi da torrenti di bit che che circolano in rete, inghiottiti nel mare dell' iper-produzione, ma c'è anche l'opportunità di pescare perle preziose nell'infinita biodiversità di questo oceano.

Lasciatevi andare, o vi rilassate solo con i lassativi delle culture giovanili? Anche perché le variopinte creste, le chiome nere arruffate, le tatuate e perforate pelli sono sorpassate da gente senza look che dalle loro camere ci inonda di suono.

Per chi viene da altri tempi gli approdi sono saltati, le bussole impazzite.

Allora o ci si ancora ai vecchi porti o si getta la zattera e si impara la dolce deriva.

Chi diventa naufrago nell'odierno oceano di suono sa che non c'è ritorno.

E prova disagio verso un mondo di cui non fa più parte.

gennaio 2011
La dolce deriva del naufrago

Alcuni fatti dell'ultimo periodo, e la domanda sempre presente riguardo i giovani e il loro rapporto con la musica, mi hanno spinto a tornare sul "nostro" rapporto con questa forma artistica.

Con "nostro" intendo della generazione cresciuta con ascolti consapevoli, scelti e pagati profumatamene. Ci siamo fatti fuori interi stipendi per costruirci la nostra cultura musicale.

La musica è sempre stata per noi molto più di semplice evasione.

Semmai dovremmo parlare di diserzione, sottrazione, via di fuga dell'anima e nascondiglio dove rilassare il corpo.

Anche quando il corpo era intrappolato nella vita reale, l'anima e la mente sapevano che c'era rifugio nella musica. Questo creava comunanza, sensibilità comuni, identità con altri estranei all'omologazione.

Insomma era facile trovarsi anche se minoranze resistenti.

I tempi sono cambiati, le nuove generazioni hanno radicalmente cambiato il modo di usufruire della cultura musicale. Adesso è accessibile a tutti, fortunatamente.

La musica è un flusso continuo, un'enorme ricchezza, ma anche cimiteri di file che popolano gli hard disc di milioni di giovani che non ne sanno godere.

Ora che l'anima e la mente è sempre connessa e messa al lavoro è possibile quella sottrazione che la "nostra" musica ci ha sempre permesso?

Ora che siamo sommersi di suoni, spersi nell'oceano di dati che ogni giorno ci attraversano è possibile trovare il buon rifugio rilassato, è possibile la fuga dal mondo cellularizzato e connesso 24 ore su 24?

La musica può essere ancora diserzione critica?

Forse no.

Perché la prima generazione video-elettronica non è più capace di estraniarsi, di rilassare il corpo.

Perché la prima generazione che riceve più informazioni da macchine che da suoi simili non riesce più a godere del contatto e nemmeno dell'autonomia della solitudine.

Perché la comunità obbligatoria impedisce di restar soli e allo stesso tempo questo affollamento privo di corpi è oppresso dalla solitudine.

Come portare il nostro portato di passione per il suono in questo desertoceano?

Mi sembra che il problema sia la sottrazione dalla massa infinita di rumore, ricreare le condizioni per l'ascolto del silenzio, per un ritrarsi.

Silenzio! Così finisce un film di David Lynch, e sembra di esserci dentro a quel film, storditi e dispersi naufraghi in miriadi di sensazioni.

E allora prepariamo la zattera e buttiamoci nell'oceano di suono, creando scie sonore dove sia più dolce la deriva, dove si impari nuovamente il calore dei suoni.

Salite a bordo non avete da perdere che i vostri cellulari.

gennaio 2011
Il naufrago beat-o

Forse ho focalizzato troppo "la dolce deriva del naufrago" in quello che è il dark side del network (per me dark è sempre assieme inquietante e affascinante) e poco sul new gold dream.

Condivisione, messa in comune di competenze, invenzioni e innovazioni, torrenti che si uniscono, bit che siano beat-i.

La rivoluzione digitale della musica è stata devastante.

La WARP, etichetta simbolo di questa rivoluzione (il cui acronimo sta anche per We Are Reasonable People/Weird And Radical Projects) ha dato voce e colonna sonora alle nostre isolate bedroom discoteque mentre il network si formava.

Le nuove generazioni di ascoltatori sono esposte ad una quantità di suggestioni senza precedenti.

In questo caotico e invitante mare gettare la zattera significa abbandonare la nave e magari perdersi e scoprire possibilità che non si sarebbero trovate attraverso la successione normale, prevista e programmata.

E ora sia la rete che le culture della nuova elettronica ci indicano i sentieri del mash-up: un modo di dire Creolo che ci parla di fare ibridazione, poltiglia, distruzione creatrice di nuovi incroci e strumenti.

Ecco che troviamo assieme l'oscura rabbia anti-Thatcheriana di Joy Division e l'algida freddezza nordica di Pan sonic, il romanticismo classico di Mahler e l'inquietudine dei migliori Cure, lo shoegazing sognante di Slowdive e il glicth errorista di Oval.....

Il naufrago beat-o ha perso la bussola e si è perso nel tempo che si è dissolto, oramai neanche l'orologio serve, che liberazione!

.... e canteremo l'infinità presente e non avremo bisogno di futuro.

Ps. Nelle cuffie Andrew Weatherall stà portando in alto nel sole Siouxsie, la regina della notte.

marzo 2013
La rete e la ragnatela
Non mi spaventa la rete ma l'uso che ne facciamo

L'ossessiva evocazione dell'"orizzontalità della rete" come risoluzione di tutti i mali, il ritenere la connessione alle nuove tecnologie 24 ore su 24 con il flusso continuo di "notizie" e messaggi la sentinella della verità, non mi convince, anzi mi ha fatto tornare alla mente alcuni fatti che mi accadono da qualche tempo.

Nei concerti, anche nei più immersivi, nei più emozionanti, anche in quelli che si dovrebbero seguire seduti in totale silenzio, la maggior parte degli spettatori si alza munita di smartphone, si sposta dalla poltrona, e sempre più spesso si dedica a condividere foto/video dell'evento sui social network.

Nulla di male per carità.

Solo che un tempo vedere e sentire un certo tipo di concerti richiedeva preliminarmente di mettere il proprio corpo/mente in setting, prevedeva una necessaria disciplina per godere appieno del suono e della performance. A sentire era il corpo tutto nella sua complessità.

Ora non è più così.

Sembra quasi sia più importante la condivisione virtuale che il godimento reale dell'esperienza.

La diffusione dei dispositivi multimediali rende "indisciplinato" il corpo/mente dello spettatore, gli fa sentire intollerabile l'assenza di connessione prolungata, legittima la sua distrazione e il desiderio di esperienze sovrapposte all'ascolto.

Questo succede anche per l'ascolto casalingo e a volte sembra che molti "dischi" prevedano a priori un ascolto intermittente. Molte opere sonore pare siano disposte a farsi fruire come flussi, da perdere e ritrovare ogni volta che si desidera.

Le connessioni cronologiche di un album (soprattutto nella musica elettronica) sono sparite, sono spariti gli album con la loro capacità di raccontare storie di gioie e sofferenze, tanto che spesso sembrano restare solo le insofferenze.

L'insofferenza verso l'ascolto, verso il godimento del tempo, verso il piacere del lento fluire delle passioni, verso la complessità del reale.

O forse siamo noi che dobbiamo imparare di nuovo a rilassare il corpo e liberare la mente da una rete che sempre più spesso si fa ragnatela.

gennaio 2013
Approdi incerti
A saper guardare il bianco non è poi veramente bianco

"Un tempo si era dark o paninari, un tempo si ascoltava rock o disco music, indie o commerciale, ora i giovani navigano verso approdi incerti"

Questa frase detta da uno dei tanti critici del mondo sonoro attuale mi pare un bellissimo auspicio.

O una diagnosi di un mondo in cui mi riconosco senza riserve, pur provenendo dalla stessa cultura musicale del mio interlocutore.

Perché oggi non possiamo essere che disapprodati. O disapprovati.

Senza mete, senza bussole, senza facili certezze.

Senza dogmi, senza idoli da seguire.

Per questo, nel continuo flusso sonoro, l'unica identità possibile è quella che si genera dalla liquefazione delle vecchie identità costituite, nella corrosione delle tendenze che si cristallizzano, nella perenne messa in discussione del senso.

Di fronte ad una proliferazione di suoni che tende a diventare "rumore bianco" indistinguibile, non si può scadere nella nostalgia, nel dire "oggi suona tutto uguale", ma continuare a operare continui spiazzamenti, generare sospetti, innescare attentati al gusto dominante, cercare la propria via di fuga, la scia dove più dolce sia la deriva.

Gli approdi certi li lasciamo ai talent show, alle vecchie e decrepite star, ai professionisti della musica. Meglio avere il dubbio, il sospetto, il mistero, la curiosità del disapprodato che vaga nell'indistinguibile rumore bianco.

Perché a saper guardare il bianco non è poi veramente cosi bianco.

dicembre 2012

2012 - Partitura per la fine del Mondo
ovvero l'inutile tentativo di narrare il mio anno sonoro

Intro catastrofista

La fine del mondo non è un evento. E' un processo. Che è in corso.

La crisi ambientale e la distruzione della biosfera, lo spostamento del baricentro economico mondiale creano scosse fortissime.

E il suono, in questo contesto, come si è mosso nel 2012?

Alla scarsità assoluta dell'ambiente naturale, corrisponde l'infinita abbondanza, riproduzione e condivisione di suoni e musiche. La sfera sonora è satura e rischia di diventare indistinto flusso di rumore.

Il pensiero positivo, quello della crescita infinita, quello dell'ottimismo ad ogni costo che ha contraddistinto l'era elettronica ha ridotto la capacità critica fino all'apatia. Ecco allora che un suono oscuro che legge le inquietudini di questo periodo storico può essere una virtù, attendersi il peggio per invertire la tendenza può essere utile.

Andy Stott: Luxury Problems (Modern Love)
ASC: Out Of Sync (Samurai Red Seal)
R.Roo: Mgnovenie (Tympanik audio)
Raime: Quarter Turns Over A Living Line (Blackest ever black)
Morphosis: The TEPCO Report (Morphine Records)

Crescendo con fuga

In un mondo in cui sei rincorso da miriadi di richiami, apparati di cattura di un potere mediatico che pervade la vita è nata in molti la convinzione che "è meglio perdersi che essere trovati".

Per questa generazione precaria con le sue vite insoddisfatte l'idea beatnik del "viaggiare senza arrivare" è diventata l'idea del "perdersi da nessuna parte".

Il nebuloso oblio del rumore bianco diventa il luogo di beatitudine che prende a piene mani da quella scena un tempo chiamata dreampop/shoegaze.

Stumbleine - Drifting Youth/Spiderwebbed (Monotreme Records)
To Destroy A City: Rebuild (n5MD)
Anoice: The Black Rain (Important Records)
Alcest: Le Voyage De L'Âme (Prophecy Productions)
Bitcrush: Collapse (n5MD)

Ritornello

...quando l'oceano di suono si fa particolarmente burrascoso, quando ti senti perso nel suo caos, cerchi quegli approdi sonori che ti sembra possano farti ritrovare la strada.

Suoni dati per passati, che hanno fatto parte della tua formazione e che ritornano sotto altre vesti e che ti fanno rientrare in sintonia e riprendere la dolce e imprevedibile deriva nella musica infinita.

L'importante è che questi non siano irrigiditi al passato, che non diventino ancore, ma siano semplici boe di segnalazione che ti aiutino a concatenare e riprendere il senso di godimento conoscitivo e il piacere della ricerca del nuovo...

Piano Magic: Life has not finished with me yet (Second Language)
Waves On Canvas: Into the Northsea - (Psychonavigation)
Swans - The Seer - (Young God Records)
The Durutti Column: Short Stories For Pauline (Darla)
Dead Can Dance – Anastasis (PIAS)

Tremolo

Il tremolio delle voci, il ribollire lento dei bassi sullo sfondo della metropoli rappresenta ancora al meglio la generazione precaria.

L'attacco al Welfare in corso ha distrutto alla base indie music, perché si fondava sulla facilita di accesso al "reddito di cittadinanza". Poter vivere da musicista è oramai illusione e quel che resta dell'ultima scena musicale inglese (l'ormai post-dubstep) ci racconta uno spleen urbano sull'orlo di un abisso.

Desolate: Celestial Light Beings (Fauxpas Musik)
Burial: Kindred/Truant Rough Sleeper (Hyperdub)
Holy Other: Held (Triangle)
Old Apparatus: Alfur/Harem (Sullen Tone)
Kid Smpl: Skylight (Hush hush rec)

Respiro

La metropoli opprime, lo smog, il rumore dei clacson, il rombo dei motori e le costruzioni di cemento incombono. Per rilassarsi occorre uscire, prendere una stradina di campagna liberare l'orizzonte acustico, ritrovare la lentezza di cui si ha bisogno per rientrare in sintonia con il proprio respiro.

Bersarin Quartett: II (Denovali, 2012)
Brambles: Charcoal (Serein)
Bvdub - All Is Forgiven (n5MD)
Various artists: ... and darkness came (Headphone Commute)
Richard Skelton: Verse Of Birds (Corbel Stone Press)

Silenzio

Disperati e felici. Questa è la sensazione di chi è alla deriva nell'oceano di suono.

Travolti dalla libidine del flusso infinito di suoni e contemporaneamente incapaci di definirne le forme.

Per godere appieno di questo oceano e non esserne sopraffatti serve saltuariamente una sottrazione da quest'onda continua. Per evitare l'atonia emotiva ogni tanto serve ricreare le condizioni per l'ascolto del silenzio.

Dream Step
Se il dream pop cambia passo

Una ragazza minuta con voce angelica tanti anni fa cantava di personaggi dai strani nomi (Ivo Lorelei Beatrix Persephone Pandora Amelia Aloysius Cicely Otterley Donimo) accompagnata da i gemelli Cocteau. Di lì prese il volo un sound chiamato dream-pop, un genere mai passato realmente di moda, ma che ogni tanto riprende il volo inebriando il nostro cuore.

La retro-mania, il recupero di sonorità passate è oramai la principale ispirazione delle miriadi di uscite sonore dei nostri tempi, ed è oramai molto indagata e discussa. A ben vedere la musica si è sempre nutrita del proprio passato, ma solo quando a questo riesce a cambiare il passo crea quella vertigine che ho sempre amato nel suono.

Il dream pop qualche volta ci è riuscito trasformandosi in shoegaze e recentemente in quel hype chiamato chillwave.

Io ho sempre cercato chi ha la forza di agire sul tempo, di essere tempo, consapevole dell'importanza di certo passato, ma con i piedi nel presente e lo sguardo ai risvolti futuri.

Ma quanti artisti sanno darci oggi questa vertigine del tempo e dei suoi paradossi, in un mondo sonoro dove il tempo viene ingabbiato, immobilizzato, narcotizzato (radio/festival '80, i mitici '60/ 70 e serate a tema di revival vari ecc.) con l'intento di privarlo degli effetti anarchici che il sentimento del tempo può generare? Non molti in verità.

Allora quando sentite il suo brusio fate attenzione perché accanto al fruscio di sonorità passate, mischiate ad esse forse sentirete qualcosa che lo spinge oltre, ed ecco che i fantasmi del passato rivivono, ridiventano attuali e non solo sbiaditi ricordi e vecchie nostalgie.

Il corpo emozionale è stato ed è il piano su cui si svolge la più delicata ed estrema delle battaglie, per renderlo apatico bombardandolo di cose già sentite, immobilizzando il tempo, scongiurando i balzi in avanti. Ecco che i più restano ancorati alla musica ascoltata da "giovani" e fanno la fine di quelli che ascoltano tutta la vita quello che ascoltavano quando avevano 20 anni!

Certo alcuni dischi "dream pop" degli inizi restano insuperabili, ma se gli elementi usati diffusamente nell'underground negli ultimi anni (voci balbettanti, chopped beats, indizi di witch e wobble dubstep, le pitched-down post-Burial vocals) si fondono con quelle fiabe sonore, quest'ultime possono diventare inni di una nuova resurrezione emozionale.

ottobre 2012
Il rumore del sogno
Un'angosciata beatitudine

In un mondo in cui sei rincorso da miriadi di richiami, apparati di cattura di un potere mediatico che pervade la vita è nata in molti la convinzione che "è meglio perdersi che essere trovati".

Se poi questo mediascape costruisce desideri che non possono essere esauditi, ma solo invidiati ai pochi che possono, ecco che molti si immolano a portavoce dei sogni impossibili.

Per questa generazione precaria con le sue vite insoddisfatte l'idea beatnik del "viaggiare senza arrivare" è diventata l'idea del "perdersi da nessuna parte".

Il nebuloso oblio del rumore bianco diventa il luogo di beatitudine che prende a piene mani da quella scena che a inizio '90 era chiamata shoegaze/ethereal.

La ristampa di molti album di quella scena e alcuni nuovi lavori che riprendono quel flusso sonoro nel quale immergersi in maniera totalizzante rispecchiano il bisogno di redenzione di una generazione che sembra consapevole che il futuro non dà spazio a speranze. La psichedelia diventa atteggiamento esistenziale: il disorientamento come perdita delle coordinate per lasciare il segno in un mondo inflazionato dai segni, e di contro la ricerca della beatitudine che permetta di svettare sopra il reale almeno per la durata di una canzone.

Cosi anche alcuni musicisti dell'area così detta "black-metal" si cimentano con il suono ethereal/shoegaze e viceversa alcuni dell'area "ethereal/shoegaze" si avvicinano al "black metal".

L'asperità e la negatività "black metal" diventa trascendentale bellezza, mentre il volo sognante "shoegaze" un po' più inquieto. Ma ha senso parlare ancora di generi o scene musicali? Forse no.

Forse è solo il bisogno comune di usare il rumore dei propri sogni per cercare una (pur angosciata) beatitudine.

Alcuni ascolti recenti:
Jodis - Black Curtain
Alcest - Les Voyages De L'Âme
Jessica Bailiff: At the Down-Turned Jagged Rim of the Sky
Bitcrush - Collapse
Pale Sketcher - Seventh Heaven
Jesu-Ascension
Thisquietarmy - Resurgence

ottobre 2012
Because Diserzioni

In questi giorni ho riflettuto molto sull'opportunità o meno di continuare a trasmettere.

La difficoltà nel collocare una trasmissione particolare in palinsesti fm che rincorrono sempre più standard generalizzati (per tutti), e parallelamente il proliferare di streaming di ogni genere in rete, mi hanno fatto quasi desistere.

Poi una pagina pubblicitaria su una vecchia rivista di cinema che reclamizzava una fotocamera digitale della Sony mi ha illuminato in questione con lo slogan: "Don't think, Shoot". Non pensare, scatta.

Il mercato globale ha bisogno di scatti senza sguardi, di produrre segni-immagini anche privi di significato, anzi meno sguardi- creatività ci sono al lavoro, meglio è, bastano le dita che producano-consumano segni senza senso, sostituibili, cancellabili.

I touch screen dei nostri dispositivi multimediali sono pronti all'usa e getta continuo.

Al contrario credo ci sia ancora bisogno di sguardi, occhi, di suoni e orecchie che sanno di non potere fare a meno del pensiero e che creino narrazioni altre, altro senso, c'è soprattutto bisogno di creatività che trasformi.

Soprattutto oggi, in tempo di crisi anche musicale dove il bombardamento di suoni embedded, creano un eccesso di onde sonore che inondano e offuscano la biodiversità sonica.

Oggi abbiamo bisogno di fermarci a capire e di costruire il nostro paesaggio, sentiamo l'esigenza di una sorta di ecologia sonora.

Per questo non basta coltivare il proprio ascolto casalingo, ma bisogna resistere anche in quei piccoli spazi di etere che restano liberi usare il suono per produrre un senso alternativo "mettersi in mezzo" alla realtà, per narrare dell'altro e aprire qualche contraddizione.

Non so se ci sia bisogno di Diserzioni ma fino a che ci saranno suoni in grado di stupire ci sarà sempre la speranza di stupirvi. Di sorprendervi e di sorprenderci.

Come sempre.

agosto 2012

Intrigante sentire

Qualche tempo fa piantai nel mio giardino un acero campestre e qualche giorno dopo il vecchio contadino, mio confinante, mi riprese perché questa pianta avrebbe *"fatto ombra"* nei sui campi. Praticamente avrebbe ombreggiato due piantine di soia per due ore al giorno.

Da che mondo è mondo, si sa, nel Veneto e soprattutto nel Basso Piave, gli alberi non valgono nulla.

Come dicono da queste parti, "intriga"*.

Mentre impazza nel nostro paese Nerone ed arriva Caligola il nostro paesaggio sembra un deserto.

L'orizzonte è ritagliato solo da orrende costruzioni di cemento, unica cosa che alza sopra le colture.

Similmente anche il paesaggio sonoro sembra un deserto, l'orizzonte sonoro si ripete stancamente dalle nostre parti e manca l'aria fresca in queste serate estive.

Manca l'ossigeno nelle note che risuonano nell'afa del basso piave, bene che vada ska-reggae, oppure cover band o i nostalgici '80 (P Lion e Sabrina Salerno a poche centinaia di metri da casa), per non parlare dei laccati delle balere.

La biodiversità dell'oceano di suono (non si mai prodotta così tanta musica) non vale nulla, provoca l'emicrania e va cancellata, oppure nascosta negli acquari dell'ascolto casalingo.

La musica se non porta risultati immediati (incassi) non esiste nelle roventi serate musicali della nosta zona.

Ecco la ragione per cui, per sentire qualche suono diverso live è necessario migrare geograficamente da altre parti.

La scoperta del bello dove non te lo aspetteresti, non è più un valore né nel paesaggio naturale né in quello culturale, l'igienizzazione di tutto ciò che "intriga" crea quel deserto nel quale non cresce più nulla.

Siamo in una morsa dove il passaggio dall' "estetico" all' "an-estetico" sembra inequivocabilmente segnato.

Sembra che del significato della parola "intrigare" resti solo l'accezione dialettale ossia che ingombra, e non quella dell'italiano ovvero ciò che interessa, incuriosisce, attrae.

"La musica è una legge morale: essa dà un'anima all'universo,
le ali al pensiero, uno slancio all'immaginazione,
un fascino alla tristezza, un impulso alla gaiezza,
e la vita a tutte le cose.
Essa è l'essenza dell'ordine ed eleva ciò che è buono, giusto e bello,
di cui essa è la forma invisibile,
ma tuttavia splendente, appassionata ed eterna."
Platone, 400 a.C. (dai Dialoghi)

*intriga: in veneto significa "ingombra"

giugno 2012

La cura del suono

Anche in questa stagione "Diserzioni" ha cercato la dolce deriva guidata nell'oceano di suono. Navigazione per associazioni nell'infinito desertoceano sonoro attuale, erranza e nostalgia, scoperte e ritorni.

Ha cercato l'equilibrio tra il perdere e il mantenere la propria cifra singolare per scongiurare il pericolo di dispersione.

Del resto in questo flusso sonoro infinito, in questo mondo sovra stimolato non riusciamo più a interpretare il sovraccarico informativo che ci sommerge e si rischia l'apatia.

L'apatia verso il senso e di contro la dipendenza verso la connessione nell'infosfera 24 su 24.

È notizia di questi giorni che il 73% di noi soffre di sindrome del beep, della vibrazione fantasma, una malattia che vorrebbe sempre più presenza, sempre più overdose di reale.

"Il reale cresce come il deserto. L'illusione il sogno la passione la follia la droga ma anche l'artificio il simulacro, questi erano i predatori naturali della realtà. Tutto ciò ha perduto gran parte della sua energia come fosse stato colpito da una malattia incurabile e subdola."

(J. Baudrillard: Il patto di lucidità, Cortina, pag. 21).

L'universo musicale attuale è sicuramente sovraccarico, accelera i flussi, fa proliferare le fonti sonore fin quando esse raggiungono il rumore bianco dell'indistinguibile, dell'irrilevante, dell'indecifrabile.

Come evitare la desensibilizzazione e l'anestesia percettiva?

Come selezionare e organizzare flussi sonori per dolci derive in queste tempeste emozionali senza cercare facili approdi fatti di nostalgie e identità passate?

Può il suono essere ancora terapia per la nostra mente, essere la forza capace di sottrarla/riattivarla quando paralizzata sia dalla realtà che dalla virtualizzazione?

Penso di sì, almeno continua ad essere la cura della mia mente, la mia cura quotidiana.

Cura è il contrario di apatia, è dare importanza a qualcosa, restituire senso alla percezione.

Diventare sospensione dal rumore e valorizzare il silenzio, essere profondità quando tutto è superficiale, dare senso erotico al frammento vocale quando il proliferare di parole inflaziona il loro significato.

Fortunatamente nell'oceano sonoro troviamo ancora queste qualità, questi spunti in grado di comporre una via di fuga, una terapia, una cura per la nostra stanca mente.

Personalmente queste qualità le trovo nell'esplosione silenziosa di molta ambient, nelle profondità del post-dubstep, nella frammentazione desiderante dell'elettronica, ma anche nella nostalgia del futuro di certa nuova wave e nella beatitudine dello shoegaze più ambientale.

Oggi forse non c'è altra via che gettarsi nell'oceano di suono, ma ciò non vuol dire conformarci all'apatia, ma tentare di entrare in sintonia con il fluire delle onde che spingono oltre il reale la nostra immaginazione.

aprile 2012
Diserzioni e dispersioni

Ogni settimana all'interno di Diserzioni propongo una decina di brani, tratti molto spesso da album da poco usciti. Molti da ascoltare approfonditamente (nei ritagli di tempo molto spesso rubati al sonno), ma infinitamente pochi in rapporto alla quantità di suoni che mi arrivano ogni giorno dalla rete, anche in un campo sonoro di nicchia come quello che Diserzioni segue.

Come scegliere? Come selezionare?

Impresa tutt'altro che facile.

Anche seguendo esperienza e consigli fidati, molto spesso si ascoltano suoni facoltativi, a volte potenzialmente interessanti, più raramente sono davvero imprescindibili.

Naturalmente per il mio sentire, spesso non coincidente con le valutazioni di altri.

Come scegliere allora? A cosa dar peso? Che strategia privilegiare?

Meglio correre il rischio di perdere alcuni suoni o di perdersi nei suoni?

Diserzioni nasce ogni settimana da una infinita negoziazione tra queste due opzioni. Da un'oscillazione continua e dalla convinzione che come diceva William Burroughs: "la cosa peggiore da fare è rimanere immobili".

L'auspicio è che l'ascoltatore senta e condivida la tensione che anima questa trasmissione e l'irrequietezza che impedisce di fermarsi troppo a lungo su qualcosa.

Anche a costo di disperdersi. Nel suono e nel mondo.

febbraio 2012
Amniotico Suono

Nella palude, nel pantano, in riva ad un fiume che cambia
corso e dimensioni, sui bordi di un fosso che esonda, è istintivo
fare i conti con l'instabile e l'incerto, è naturale considerare
vaghi i confini, è normale procedere per consolidamenti
progressivi e, alla fine, diviene regola mentale, predisposizione
culturale e concettuale, che l'instabile non esiste come categoria,
ma esiste solo il movimento della perenne, costante
trasformazione dello stabile.
Renzo Franzin

Vivo da sempre in una terra ex paludosa, dove la trasformazione dello stabile, l'inafferrabilità dell'acqua sono stati l'immaginario dei racconti della vita sentiti fin da bambino.

I canali e i piccoli corsi d'acqua erano come "flussi di coscienza" e "arterie delle storie".

Solo negli ultimi anni escono dalla percezione esistenziale e diventano problemi, ostacoli allo sviluppo ed esclusivamente fattore di rischio idraulico da eliminare.

Forse è questo il motivo che un suono paludoso, fangoso, nebbioso, mutante per eccellenza che sembra muoversi in terreno instabile, come il dubstep mi ha attirato. Anche se nasce da una metropoli come Londra ho trovato delle affinità. Anch'esso è in costante trasformazione, inafferrabile anche se i "flussi di coscienza" e le "arterie delle storie" in questo caso sono le strade e le linee della metropolitana.

Le acque di quella città, del Tamigi, sono fisse e scure, ma si muovono nel risveglio della notte grazie al riflesso di mille luci che accompagnano un flusso continuo di individui.

Si tratta proprio di un flusso di individui, perchè le derive collettive, le onde sonore non riempiono più le strade, ma accompagnano il ritorno a casa, l'isolamento, sia nell'ascolto che nella produzione.

È la vittoria della musica da cuffia, dell' iPod, mentre anche i rave diventano spazi di consumo e basta, questo suono sembra soprattutto utile a trasmetterci l'insoddisfazione perenne di un mondo fatto di alienazione che ci porta a fare passi o balzi oltre il presente stagnante.

Ma come sempre la semplificazione di un mondo è in agguato per finalizzarlo al consumo, così anche un suono così "difficile" si etichetta e diventa hype, di moda, normalizzato.

I nuovi producer per rivitalizzarlo lo portano su un tavolo anatomico per poterlo successivamente studiare, analizzare e riprodurre. Facendolo così diventare un'indagine sulla propria condizione umana: ecco che da ballabile diventa pure apprezzabile intellettivamente, aprendo la testa alla musica, offrendo la musica alla mente globale. In questo modo si delocalizza non solo geograficamente, ma lo si sposta dentro la propria testa, mostrando tutti i sintomi della fragile condizione esistenziale moderna, in una scomposizione dell'esperienza che, se da un lato isola l'individuo, dall'altro gli permette strade creative inedite: attraverso stimoli sensoriali indipendenti da relazioni umane (droghe, videogiochi, social network).

Il movimento della perenne, costante trasformazione del suono Dubstep diventa mondiale, come mondiale è la rete che lo diffonde con in comune alcuni elementi minimi: i bassi e le voci pitchate.

E all'orizzonte si profilano altri cambiamenti. Sono eco lontane di un suono estremamente emotivo e oscuro, che nasce dal verbo di Burial.

Voci che risuonano in un vuoto abissale, sconfinando il loro carattere descrittivo in un che di pittorico, di visioni in transito che dipingono un paesaggio di macerie di un mondo distrutto.

Queste voci pitchate così frammentate accompagnante da un suono instabile, melmoso indicano uno spaesamento, una ricerca di stabilizzare un orizzonte condiviso.

Lo scambio di file, la condivisione di metodo e di sound crea una complicità che configura un'atmosfera comune in molti producer che trascende le frequenze ultra-basse che hanno effetto solo se pompate su mega sound system, e crea suoni avvolgenti ed evocativi ideale per l'ascolto in cuffia con luci soffuse, malinconici nelle atmosfere e soprattutto capaci di far riflettere. Inquieti e inafferrabili continuano a trasportare la diversità che muta sé stessa.

Suoni che continuano a turbare con loro i bassi profondi, ma hanno anche un qualcosa di angelico, di confliggente, sanno essere contemporaneamente alienanti e nutrimento per le relazioni nell' infosfera.

Riportali all' intera sfera della vita e ritornare a interrogarsi sulle qualità amniotiche di quell' artifizio miracoloso che è la musica, potrebbe farla ritornare cellula staminale in lotta contro l'Alzheimer della nostra società.

10 Tracks:
Burial: Kindred
Volor Fex: Unfeeling
Balam Acab: Await
VVV: Among The Whispers
Anthony Drawn: Remember
Author: Drain
Huzur: Ingrid
Blue Daisy: Fallin (Feat. Heidi Vogel)
Kazi Ploae - Investigatii (Silent Strike Instrumental)
Ayshay: Warn-U

2011, The Sound Beyond The Crisis

La musica degli ultimi anni è stata semplicemente il prodotto perfetto di un mondo che non è più capace di riprodursi, ma solo di autoclonarsi. Non sembra più in grado di rigenerarsi, ma solo di espandersi istericamente e in modo incontrollato. Ma attenzione questo non è un giudizio di condanna, perché la musica, a differenza del mondo, è diventata anche patrimonio comune, un enorme bacino a disposizione di tutti.

Il problema è che in questa iperproduzione a volte si tende a sentire solo chi tende ad espandere e perfezionare la facilità di ascolto e di fruizione e non chi è interessato a cambiare ed evolversi.

Forse quello che a noi sembra pare un appiattimento è invece il lento formarsi di un'altra percezione del tempo, una percezione combinatoria e non lineare. Forse il suono sta diventando capace di concepire contemporaneamente diversi piani dell'esperienza, passata, presente e futura e di convivere con apparati tecnologici ipercomplessi e iperveloci, insomma di avere una percezione non storica della temporalità.

Forse la così detta "retromania" nasce da questi inevitabili processi e da questa infinita produzione derivata dall'avere a disposizione l'intera storia sonora da modificare a piacere.

Da questo desertoceano partono però mille rivoli che vale la pena di seguire con emozione e passione, ed è quello che Diserzioni tenta di fare.

Anche in questo 2011 ci sono stati suoni di fremente intensità, sensazioni confliggenti di grandezza e desolazione, slanci futuristici e danze di fantasmi.

Per quanto mi riguarda il suono dell'anno della crisi è quello del ribollire dei bassi sullo sfondo con quelle voci fantasmatiche che compaiono/scompaiono in mezzo a quel territorio infinito e instabile, che è il sound attuale.

Semplicemente un modo per seppellire in un mare di bassi e al contempo far fiorire in superficie inquietudini che attraversano questi tempi di crisi. A dar man forte a questo avvincente dualismo istintivo ci sono le atmosfere perennemente cupe presenti nei pezzi, e le vibranti "vocal weirdness" che emergono timidamente in superficie. Sono voci in equilibrio precario mentre tutto intorno traballa, ma che sanno farsi accumulo, farsi forma che muove e si muove.

.... Ci sono momenti poi in cui il mal di mare è talmente forte che si sente il bisogno di un ritrarsi, di un movimento di sottrazione dal rumore di fondo. In alcuni momenti c'è bisogno di creare le condizioni per l'ascolto del silenzio, ed allora ci vengono in soccorso le sconfinate distese ambientali, ma questo è "suono che va oltre il tempo della crisi".

10 Album
Desolate: The Invisible Insurrection
Clams Casino - Instrumental
Volon flex: Tramp
Integral: The Past Is My Shadow
Arc: Wire Migraine
Balam Acab: Wander - Wonder
Leyland Kirby: Eager To Tear Apart The Stars
Bvdub: All release 2011
Swarms: Old Raves End
Silent Strike: Instrumentals

5 Tracks
Every Silver Lining Has A Cloud: A Stolen Life
Blackfield: Dissolving With The Night
Chelsea Wolfe: Benjamin
The Secret Life of the Black Suit: Immagine Nascosta
Pallers: Nights

Vincere la paura del contagio
The way of sound

Nel mediascape, nelle elite economiche e finanziarie domina la paura del contagio.

Ora soprattutto quello della crisi economica, ma prima c'erano stati altri contagi, altri elementi estranei da evitare.

Ma il bacillo più pericoloso da sempre è quello delle idee, quello culturale, quello che attecchendo cambia il soggetto arrivando a modificarne la visione del mondo.

Occupandomi di musica, che da sempre è fatta di contaminazioni, non posso che provare un certo fastidio.

Nel suono attuale poi la disposizione al contagio è totale, la versione definitiva e unica di un brano non esiste più, ed è normale che un pezzo abbia svariate versioni.

Uno dei gruppi pop per eccellenza, i Radiohead, ha pubblicato, per esempio, una serie infinita di remix del loro ultimo album, contagiandosi con le svariate facce del suono underground, fino ad arrivare alla pubblicazione del recente doppio cd che raccoglie molte di queste versioni.

Perfino la cosiddetta "musica colta" si è ibridata con quella più "pop" e i confini tra alta e bassa sono quasi svaniti, basti pensare alla "modern classic" dove musicisti con formazione classica ci deliziano con splendidi esempi di ambient music vicina alle nuove vie del suono elettronico.

Ormai molti artisti mettono a disposizione in rete la scatola di montaggio dei loro brani per farli rimontare in svariati modi.

E in rete prolifera il mash-up: un modo di dire Creolo che ci parla di fare ibridazione, poltiglia, distruzione creatrice di nuovi incroci e contagi.

Insomma i consumatori di suoni non sono più tali, e iniziano a considerare le opere non più fisse o immutabili, ma cominciano a sperimentare il gusto di avere un certo controllo su di esse.

Questo nuovo paesaggio invita a abbandonare il mondo in cui ognuno sta passivamente al suo posto e inizia a sviluppare il gusto del coinvolgimento attivo e soprattutto non concepisce la proprietà esclusiva di un'opera.

Il contagio è bello e vissuto come condivisione, come cambiamento e apertura, come pratica comune.

Ed è forse questo che fa più paura.

ottobre 2011

Dinosauri dell'era vituale

Contro l'estizione dell'ascolto empatico

Non sono un tecnofobico, anzi la tecnologia e i nuovi mezzi di comunicazione mi piacciono assai, pure troppo.

Ma dopo aver seguito la giornata del 15 ottobre degli indignados su twitter e facebook, ho sperimentato la potenza e allo stesso tempo l'inadeguatezza di questi social network.

Ho sperimentato l'impossibilità di capire attraverso le migliaia di messaggi, nella maggioranza dei casi esibizione di sé, giudicanti e diffamatori.

Il giorno dopo sono partito per un viaggio che mi ha "costretto" a stare 10 giorni scollegato dalla rete e mi sono sentito molto meglio. Sono un dinosauro, una specie estinta?

Conosco una quantità di persone, soprattutto giovani ma non solo che sono orgogliosi di dire che hanno accumulato migliaia di amici in Facebook. Ovviamente questa affermazione si può fare solo se si accetta una riduzione dell'idea di amicizia.

Conosco una quantità di persone, soprattutto giovani ma non solo che sono orgogliosi di seguire e essere seguite su Twitter, di indicare vie e giudicare in versione 2.0. Ovviamente questo si può fare solo se si accetta una riduzione dell'idea di comunicazione.

Conosco una quantità di persone, soprattutto giovani ma non solo che sono orgogliosi di mostrare i loro costosi oggetti di connessione. Ovviamente questo si può fare solo se si accetta una riduzione dell'idea di ricchezza.

Conosco una quantità di persone, soprattutto giovani ma non solo che sono orgogliosi di essere fans e di adorare vite spericolate, star ribelli... Ovviamente questo si può fare solo se si accetta una riduzione dell'idea di espressione creativa.

Il problema è fino a quel punto questa riduzione potrà arrivare.

Lo so, sono un dinosauro, sto forse accusando centinaia di milioni di utenti dei siti di social network di accettare una riduzione di sé, sono forse "vecchio" ma usandoli sti network mi rendo conto che spesso diventano pura esibizione, vetrina privata e privi di esperienza e condivisione.

Quando entro nel territorio astratto della seduzione simulata, preferisco ancora lo spazio infinito del suono, piuttosto che lo spazio formattato dei social network.

Sono un dinosauro che ama ancora scollegarsi, spegnere lo schermo, che pensa ancora che la musica possa essere educazione alla singolarità, che il suono possa curare l'anima e la psiche.

Sono un dinosauro che pensa ancora che la "difficile", complicata, malinconoiosa musica che da sempre mi accompagna valga più dei fottuti messaggi che abbattono il potere.

Sono un dinosauro che pensa ancora che il suono che mette in crisi, che ti sforza a comprendere, che ti sottrae al consueto valga più di qualsiasi esibizione ribelle.

Sono un dinosauro che pensa ancora che il rifiuto di ascoltare sia la più grave delle malattie, quella che riduce l'idea di amicizia, l'idea di comunicazione, l'idea di ricchezza, l'idea di espressione creativa.

Per questo dovremmo ascoltare, perché la rete non riduca ma arricchisca, perché il suono esca dalla rete e invada la vita, che altrimenti non ha più amicizia, né piacere, né senso.

aprile 2014

Buried sounds

A leggere la critica musicale sembra che oggi la musica –
come il mondo - sia sempre più incapace di appagarci, di esaudire
le nostre aspettative, di regalarci quel piacere che i "grandi" del
passato riuscivano a trasmettere.

E allora via con retromanie, remake, reunion, ristampe, ma
nessuna idea originale, niente che sappia accendere nuovi
immaginari.

Niente che aumenti la voglia di suono e di mondi altri.

Che ci sia del vero in questo oramai dominante paesaggio
emozionale?

...

Noi intanto siamo qui, ancora, dopo decenni a scavare
nell'underground sempre più fitto e sempre più oscuro.

Nella convinzione che i suoni, come le storie, siano spesso
simili ad asce di guerra: stanno lì sepolte, in attesa, finché
qualcuno non decide di disseppellirle.

E allora, forse, se ne sentono di belle.

Tempo perso?

A voi il giudizio....

settembre 2011
Il Fantasma Del Futuro

"I fantasmi sono qui, costituiscono lo spazio, mi circondano.
Si nutrono degli occhi accecati degli uomini"
(da La possibilità di un'isola di Michel Houllebecq)

Ci sono due idee di musica che animano i miei ascolti ultimamente.

Una è l'emblema di una musica che si nutre di musica mettendo tra parentesi il mondo e l'altra è un'idea di mondo che ha bisogno di musica per svelarsi.

Una si rivolge sempre più al passato, alla memoria per riattivare emozioni, magari ri- attualizzate da musicisti giovanissimi che avendo interi blocchi di materia musicale disponibili si rifanno a forme di sublimazione di un certo passato musicale.

L'altra è l'idea di un mondo dove la diserzione, la sottrazione al rumore di fondo avviene attraverso un suono che svela l'intollerabilità verso un quotidiano fatto di incombenze ansiogene, di ritmi produttivi, di ansia della storia. E' musica antistorica che entra in contatto con la meditazione senza oggetto, è rilassamento psico-fisico e ricerca di rapporto armonico tra corpo e cosmo.

Qualche anno fa, in una trasmissione di "Diserzioni vs Nocturnal Emission" giocammo con il nostro passato presente e futuro musicale.

Uscirono tre storie diverse, tutte e tre nate dalla feroce passione per il suono, con un passato e un presente comune, ma il futuro già si divideva tra rivitalizzante versione del passato e sperduto orizzonte senza tempo in cui perdersi.

Nel tempo le due tendenze si sono delineate, la prima nelle new cold/dark/chill wave, nel post dubstep, nella witch house.., la seconda in una ambient sempre meno definibile e sempre più rarefatta ed eterea.

Quale delle due idee di musica prediligo non lo so, probabilmente dipende dal momento, ma entrambe rompono il dispositivo di un futuro come sviluppo progressivo del tempo.

Oggi, dopo il collasso del sistema finanziario fondato sulla futurizzazione dell'economia e sul debito si apre l'epoca che segue al futuro.

Il fantasma di quel futuro promesso è qui, nelle macerie di un sistema che si nutre ancora delle nostre vite. Se dobbiamo guardare dietro di noi è per ricordare l'inquietudine e l'abisso di violenza che egli può in ogni momento scatenare. Ecco allora che viene ripreso un suono che deriva da le epoche più "dark" dove si cominciava ad urlare "no future". Questo sound ci serve a riconoscere lo spettro e a prendere la direzione giusta verso l'esodo in quelle pianure senza confini dove l'altro suono ci rende liberi dal "Phantom of the future".

Adopereremo la rete infinita della conoscenza per evitarlo e impareremo la dolce deriva per sottrarci alla sua presa. Ascolteremo l'infinità del suono presente e non avremo più bisogno di futuro.

agosto 2011
Bass generation
l'effetto budino del dubstep

C'è un suono che da dieci anni scuote Londra e fa vibrare l'etere delle radio pirata della capitale Inglese. Da simbolo della fine dell'epoca rave a colonna sonora di queste riottose giornate.

La fine della deriva collettiva dei rave ha avuto un suo requiem nel suono dub, sedativo dell'euforia elettronica degli anni 90, cominciato con la techno- dub "chain reaction style" e arrivato nei mille rivoli del dubstep. Le crisi e il progressivo taglio del welfare hanno reso instabile il terreno dove le culture underground si muovevano, l'euforia e la vicinanza emotiva dell'ecstasy è stata sostituita con il tranquillo distacco dell'elettronica d'ascolto.

Ma con il ritorno a casa riaffiorano le inquietudini e si ricomincia a guardare i topi che vanno in giro per la propria stanza. Ecco allora che beat pesanti e oscuri escono dalle stanze più nascoste della metropoli e dalle sempre attive radio pirata.

I movimenti dubstep sono profondi, sembrano immersi in una palude, si muovono lenti, una violenza soppressa che ribolle nel fondo, arriva attutita in superficie.

Gli allungamenti dei bassi tracciano una linea mentre tutto intorno sembra traballare, linea che sembra poter assorbire l'inquietudine della vita precaria.

L'effetto budino, trema di contraddizioni ma non rompe, resta all'interno di vite ai margini, è "Margins Music" come recita il titolo dell'album di Dusk & Blackdown, uno dei manifesti del genere.

Il romanticismo e la malinconia collide con i significanti sonori di paura / tensione / apocalisse / buio brandito dalla musica e nei titoli delle tracce, eppure convivono.

Le ricognizioni interne (Ballardiane) che nella scena "ambient isolazionista" avvenivano attraverso suoni legati a luoghi di pura natura come l'antartico per Thomas Koner o Biosphere, oppure attraverso oceani o deserti, nel dubstep avvengono nei luoghi urbani, di certo molto abitati, ma altrettanto "vuoti", come le disagiate e desolate periferie delle nostre metropoli.

Le voci che compaiono/scompaiono in mezzo al fangoso, nebbioso suono sembrano anch'esse muoversi in terreno instabile, precario, come nella foschia di una palude.

Insomma è suono che assorbe molto e restituisce poco, ma accumula tensioni che non vivono solo il basso delle periferie ma anche nel vuoto delle camere dei campus.

Le zanzare escono dalla palude e diffondono il virus, produttori come Burial e Kode9 e la loro label hyperdub diventano di fama internazionale, pur mantenendo un stretto contatto con le origini, le insurrezioni invisibili (the invisible insurrection titolo di uno dei migliori album del 2011 nel genere) cominciano a farsi vedere.

Questo risuonare profondo, melmoso così si contamina e dal fondo risale, il virus dei bassi allungati coinvolge i generi più disparati, dall'elettronica sperimentale, al post rock, fino al pop più attento. Diventa il mutante per eccellenza, senza un modello riconoscibile se non la marea di bassi che scuotono e vibrano.

E' l'hype degli ultimi anni, ma attenzione perché le vibrazioni ovattate dell'interno della palude in superficie potrebbero avere l'effetto di un tsunami. L'amplificazione sismica dell'effetto budino per chi non è dentro ma sopra è devastante.

agosto 2011

Trapassatofuturo

Da tempo ho la sensazione che gran parte dell' iperproduzione sonora attuale sia paralizzata dall'enorme quantità di impulsi sonori che la bersagliano, e incapace di costruire progetti di deriva collettiva che non siano quelli, derivati da suggestioni che le giungono dalla storia passata.

I fenomeni del glo-fi e della chillwave, dell'hauntology, un'ondata di musiche di autori "nuovi" che ha fatto però della nostalgia, del retrò, del vintagismo (prima con focus sugli anni Ottanta, ora anche sugli anni Novanta), il proprio credo estetico confermano questo.

La cosa, soprattutto sonorità che riprendono wave, dream pop e shoegazing, mi coinvolge parecchio, ma cosa resterà per gli "hauntology" di domani, e cosa resterà della musica come forza propulsiva e produttrice di novità?

Dal punk del 1977, dal "No future" di Sid Vicious sono sorti il post-punk e la new wave con il loro disperato narrare la fine della società industriale, la fine del welfare e con questo l'inizio della fine di quella cultura della disoccupazione che era la base di molta musica indipendente. I ravers forse sono stati l'ultima forma di quella "cultura della disoccupazione" con il loro "24 hours party". Il loro ritorno a casa è stata forse l'ultima deriva collettiva, con le cuffie piene di elettronica d'ascolto riversata nelle camere da letto e nella rete.

Il canto del cigno della scena rave con tutte le sue derivazioni è il sound "burialiano", che sembra essere il requiem dell'euforia dell'era elettronica, la descrizione del ritorno alle vite individuali dopo lo sballo di un'intera generazione.

Abbiamo seguito la "nuova onda" del post punk, abbiamo seguito onda elettronica del post-rave, ma ora, cosa spinge alla deriva collettiva, cosa comunica con quel parlato interiore che chiamiamo profondità, cosa porta a riconoscersi culturalmente sulla base della musica o della poesia e non sulla squadra di calcio o sull'etnia. Forse questo è tempo di risacca, del tornare indietro, dell'accumulo di esperienze, della goccia che arranca alla ricerca del fluire della corrente.

Il fatto nuovo è che non c'è più la bussola, che la tentazione a perdersi nell'infinita memoria sonora a disposizione di tutti è forte. E' vero che da queste risacche proliferano miriadi di rigagnoli, sottogeneri che comunicano traiettorie inedite, ma non sono ancora onda che pratica formattazione e nuova partenza. La zattera del naufrago nell'oceano di suono, continua a vagare nelle scie sonore dove più dolce è la deriva, pronta a trasformarsi in surf a cavallo della prossima onda anomala.

luglio 2014
Dedicato a chi non ama i network radiofonici

A me non piacciono.

Non mi piacciono proprio.

Ci ho provato ad ascoltarli.

Da solo e in compagnia, di giorno e di notte.

Nulla da fare.

Questi network radiofonici mi mettono a disagio.

Mi fanno sentire fuori posto.

Colpa mia, della mia scarsa flessibilità, del mio snobismo.

Dell'inguaribile nostalgia per la radio senza ganci – jingle – risate forzate.

Per la radio dove la manopola si fermava per un suono, per un timbro di voce, per la radio davanti alla quale ci si baciava, si dormiva, si sognava.

Oppure si cambiava stazione cercando altro sapendo di trovare qualcosa.

Invece questi network hanno tutti gli stessi timbri di voce, gli stessi tempi, gli stessi pezzi.

Cosa dovrei imparare da questi?

La battuta facile, il riconoscibile ripetersi dei ritmi e dei tempi, l'essere sempre spensierati.

I suoni che amo non passeranno mai da quelle parti essendo mossi dalla gioia e dalla disperazione del vivere.

E alla passione non si dettano i ritmi.

maggio 2011
Beyond Radio
new media and the last(?) days of radio

Il futuro?

L'unica cosa prevedibile è che ci sarà sempre l'imprevisto. L'incontro imprevisto che cambia completamente il gioco, l'evento non cercato che ti cambia la vita.

La ricerca cosciente in quell'infinità di dati che è la rete arricchisce certamente, le relazioni moltiplicate all'infinito tra simili è certamente utile, stimolante e molto piacevole, ma non sovverte punti di vista, mentre l'incrocio non cercato e imprevisto a volte sì.

Una cosa si scopre per caso e ti apre un mondo, una via di fuga, che si ricombina in molti mondi, in molte vie di fuga.

Una sera per caso, girando la manopola di una vecchia radiolina, mi fermo attratto da una linea di basso (pur non sapendo cos'era una linea di basso). Avevo 15 anni ed ero entrato casualmente nella foresta dei Cure. Colpo di fulmine, "a forest" era musica mai sentita.

Ora che siamo nel media-evo, spersi nell'oceano di dati che ogni giorno ci attraversano è possibile incrociare l'imprevisto? In altre parole è possibile l'incontro casuale attraverso Twitter o Facebook?

Forse sì, ma sicuramente più difficile, visto lo stress attentivo al quale siamo sottoposti e visto che la "ricerca" è da noi pilotata e gli "amici" da noi cercati.

Insomma anche nell'era dei motori di ricerca e dei social network, la novità, l'imprevisto, il non conosciuto si incrocia più facilmente nel pulsare delle vite e nel vibrare dell'aria. Anche il movimento underground più recente e più interessante ovvero il dubstep si è diffuso prima grazie all'etere delle radio pirata e solo poi su internet.

"I hear her voice calling my name, the sound is deep in the dark, I hear her voice and start to run into the trees" diceva quella canzone.

Ecco dove il vibrare dell'etere con i suoi limiti batte ancora i nuovi media, in quella voce che inaspettata ti chiama e ti invita tra gli alberi di una intricata e sconosciuta foresta e per provare a mantenere aperta la finestra all'incontro imprevisto che talvolta emerge quando il prevedibile si fa insopportabile.

agosto 2016
Ascolti obliqui

T: "Ho sentito che fai una trasmissione radio"
A: "Sì, faccio una trasmissione musicale"
T: "Ma metti solo la musica o parli anche?"
A: "Parlo, sì insomma, intervengo al microfono"
T: "E di cosa parli?"
A. "Del suono che propongo"
T: "Strano"

Qualche tempo fa era normale che in una trasmissione musicale si parlasse di musica, anzi si cercavano atmosfere nelle emissioni in etere e consigli per gli ascolti dal conduttore, ora questo sembra strano.

Oggi i ragazzi che pubblicano via rete le proprie scalette musicali, mixate o meno (soundcloud, spotify, webradio) non si contano. Buon segno. Segno che il suono ha ancora un certo appeal in questo martoriato paese. Il problema è che tutti quanti, dai più maturi fino a i più giovani non sappiamo più cosa dire della musica. Non sappiamo cosa sia l'oggetto che trattiamo, ascoltiamo qualcosa di terribile o di sublime, ma non sappiamo più cosa dire. Spalanchiamo la bocca ma non ne esce suono.

Siamo dispersi nell'infinito fluire di suoni e ci sentiamo incapaci di definirli, di dare loro una connotazione, una scena che racconti la loro genesi. Le onde sonore non hanno più una traiettoria da raccontare, perché l'oceano di suono è frastagliato e burrascoso.

Nell'ipervelocità del flusso al massimo riusciamo a cliccare un "mi piace"sui social network dove la critica non è concessa.

E' forse questa formattazione comunicativa assieme all'infinità e dispersione sonora a zittirci?

Chi parla in radio, spesso parla di altro e usa la musica come intermezzo tra un gossip e una pubblicità, tra una notizia meteo e una "divertente" in un continuum descrittivo di una realtà (vera o virtuale è lo stesso) immodificabile. Oppure, nel migliore dei casi, si racconta il passato: l'epica storia della musica.

Io, da parte mia mi limito ad una constatazione. Banale e ovvia, se volete, ma in qualche misura necessaria: la musica per parlarci ancora deve intrigare, emozionare e per far questo deve saper creare realtà altre, oblique, non omologate. Se sta dentro ai canoni pubblicitari e gossipari non fa altro che obbedire e spacciare realtà consolidate e niente più.

Resta un interrogativo: come scegliere e raccontare un suono che produce immaginari altri, sensi obliqui?

Rischiando di essere parziali (e come non esserlo), indagando dentro alla complessità dell'oggi, essendo incompatibili con gli standard radiofonici, forzando un pensiero disomogeneo e non omologato attraverso la musica e il suo racconto.

Se questo sia ancora possibile e abbia ancora un senso non lo so.

Magari lo scopriremo assieme.

Almeno lo spero!

febbraio 2011
Radio Lovers

Articolo sul mio rapporto con la radio scritto per la tesi di laurea "sketch a tune" di Giovanna Nicosia (marzo 2008)

Parlare del mio rapporto con la radio è come rimettere a posto lo scaffale della mia vita, le città, gli amici, le scoperte e soprattutto le musiche e l'innamoramento.

Prima come ascoltatore poi come conduttore tutto cominciò negli anni '80, c'era la "new wave", e si cercava di seguire l'onda. Trasmissioni come "Nocturnal Emission" mi hanno aperto un mondo, un'onda che ho surfato, in cui mi sono immerso, che ho inseguito per le città di mezza Europa a caccia di dischi, di concerti, di situazioni.

La radio l'ascoltavo dentro un armadio, nel senso che avevo ostruito la porta della stanza con un armadio al quale avevo tolto il fondo. Entrare nell'armadio era entrare nei segreti più intimi e poi rinchiudersi là dentro con gli amici era come stare nel video di "Close to me" dei Cure solo che l'armadio invece di riempirsi d'acqua si riempiva di suoni.

1985, una sera a Padova, i Cure in concerto. Stato di grazia. Un teen ager tra eccitazione e malinconia decide che deve comunicare la sua passione, la sua emozione venata di inquietudine, e la radio, sarà il mezzo.

Qualche anno dopo nasce la mia trasmissione mentre alle puntine dei giradischi si cominciava a sostituire il laser dei compact disc, la comunicazione con gli ascoltatori viaggiava ancora via telefono e lettera, ma l'era elettronica era dietro l'angolo.

L' atmosfera in radio (radio San Donà) era quella dell'armadio, luci basse e musica a tutto volume in cuffia, ma c'era lui con quella spugna gialla da urlo che scendeva sul mixer: il microfono. Mi sorpresi perché sono un timido e sicuramente il più taciturno della compagnia, ma davanti alla spugna gialla mi scioglievo e dicevo cose che forse non sarebbero uscite senza quel tramite. Mi resi conto di avere degli ascoltatori solo dopo la prima lettera ricevuta, era il 1989 ed ero troppo giovane e in stato confusionale per capire che da quel momento non avrei più smesso di trasmettere.

Gli anni novanta furono una deriva straordinaria, la rivoluzione elettronica, la disgregazione delle identità che hanno fatto l'ossatura del ventesimo secolo, la comunicazione globale e musicalmente la fine delle onde musicali.

Non ci sono più new wave e neppure no-wave, perché l'onda è il mondo stesso, la musica è infinita e provoca il mal di mare, internet, la digitalizzazione, rende tutto più complesso (più ricco?!)

Ma nonostante questo oceano burrascoso non rinuncio alla dolce deriva, creando mappe di svincolamento, vie di uscita dall'accelerazione tecno-mondana, dove la mente, il corpo trovi il respiro giusto per continuare il viaggio dentro il suono.

Nasce "Diserzioni", sapendo che non ci sono onde da seguire ma mappe da disegnare.

Ci sono suoni, voci, persone che ci serve ritrovare quando si è perduti nel caos, perché fanno parte di noi, ti permettono di concatenare, di trovare il giusto ritmo.

E cosi strada facendo ho trovato Radio Sherwood, per me una radio mitica, molti ascoltatori diventati poi collaboratori e soprattutto coloro che mi fecero appassionare alla radio, ovvero Mirco e Massimo di "Nocturnal Emission".

"Diserzioni" diventa anche "vs Nocturnal Emission" indagando su ritorni, vagabondaggi, pulsazioni, cercando l'eco dei suoni disseminati nell'era globale, creando (im)probabili rotte di viaggio.

La radio oggi, secondo me, nel tempo dell'iper-produzione semiotica deve essere capace di andare al ritmo imprevedibile della dolce deriva, e cartografare suoni ed emozioni a venire.

gennaio 2011

System error

Free people in free markets: it's only possible world?

Centinaia di trendy boys/girls si accalcano negli outlet passando le giornate alla ricerca spasmodica dell'ultima occasione, della marca preferita.

Ci sono le svendite ed ansiosi messaggi pubblicitari implorano gli zombie a comprare, accompagnandoli ripetendo ritmi già conosciuti in spot televisivi.

Poi ad un tratto il ritmo cala su un tappetto sonoro ambient e rilassata poesia esce dagli altoparlanti.

System error. Si è accesa la lampadina rossa, suona il campanello d'allarme.

Una macchina immaginativa non omologata è partita mettendo in moto bizzarrie e comportamenti imprevedibili.

Decine di rebel boys/girls escono dal market, si tolgono i vestiti e si stendono a terra in ascolto.

Free minds in free zone: it's beautiful world!

settembre 2015
Il suono come nutrimento

Qualunque amante del suono dovrebbe stare attento a quello che ascolta. Ma anche a quello che guarda, a quello che mangia, a quello che respira.

Perché quello che respiriamo, mangiamo, guardiamo, ascoltiamo ha delle conseguenze.

Sulla nostra esistenza e sul mondo in cui viviamo.

La nostra vita è investita da una nube invisibile di polveri sottili, da scaffali pieni di cibo confezionato, da iperproduzione di contenuti info-audio-video sempre più poveri di senso.

La mancanza di principi nutritivi (per corpo e mente) nasce per poterne consumare una quantità in costante aumento?

Se sì, voler sapere cosa si mangia e cosa si respira è un gesto ecologico e politico.

Sicuramente anche stare attenti a ciò che si guarda e si ascolta lo è.

"ogni giorno l'atto di cibarsi muta la natura in cultura,
trasformando la materia del mondo in corpi e menti umane"
Michael Pollan

In che modo arriva ai nostri sensi, la materia del mondo?

E come la percepiamo una volta che ci attraversa con il suo formicolio di piacere per il corpo e la mente?

Che fare per sottrarsi al consumo inquinante per l'ambiente naturale e mentale, ai diecimila canali televisivi/niente da vedere, all' iperproduzione sonora/niente da ascoltare, alla connessione

24h su 24/niente da dire, all'effetto di depressione generalizzata, alla dipendenza impotente e disperata?

Diserzioni, anche in questa nuova stagione, proverà a cercare vie di fuga per riattivare il piacere dell'ascolto e di sottrarsi all'effetto rumore di fondo. Attraverso i nuovi suoni elettronici, ambient, post rock, ethereal, modern classic, shoegazing, cold/dark/chill wave, post/dubstep, witch....Diserzioni vagherà in arcipelaghi white minimali, pink sensuali, green clorofillosi, red marziani, dark catastrofisti, black soul/are, blue profondi... cercando nell'underground più fertile quell'humus vitale che fermi la desertificazione dei sensi.

agosto 2015
Gigi Masin: Wind

Lo scoprii nel buio della mia stanza
solo qualche lustro fa
ma sembra un'altra era
nessun display acceso,
nessun post su facebook,
niente cover su instagram,
niente ascolto su soundcloud,
non un podcast,
niente playlist su mixcloud,
niente streaming su spotify,
nessun evento programmato,
niente #hashtag,
niente youtube né vimeo,
nessun critico musicale aveva il blog,
niente discogs o boomkat...
solo l'istinto, l'intuizione
solo due visionari dj radiofonici
un garage studio
la vibra dell'etere
la modulazione di frequenza
solo apparati uditivi sintonizzati
e un dono sonoro
di un poeta del silenzio
disperso nel vento
da un'emissione notturna

...era il 1985 e stavo ascoltando come ogni settimana la mia trasmissione radio preferita: Nocturnal Emission condotta da Mirco Salvadori e Massimo Caner quando sentii per la prima volta "Wind" il disco d'esordio di Gigi Masin. Un regalo (nel senso letterale del termine) che Gigi faceva agli ascoltatori di Nocturnal Emission e agli amanti di quel suono.

Ora quel gioiello sonoro è stato rimasterizzato e uscirà a metà settembre per la label "The Bear On The Moon".

Non perdetelo!

febbraio 2014
Gigi Masin: Talk to the sea

Ci voleva Gigi,
ancora sempre il grande Gigi Masin
inesorabile intransigente libero
per ricordare a tutti noi
quanto il suono ci sia indispensabile.
Ascolti pochi secondi e capisci.
Capisci come quella compostezza (dei suoni, del ritmo)
sia più necessaria, ed emotivamente eversiva,
di tutta quella frenesia digitalizzata
che rimbalza da un social network ad un blog
da un soundcloud ad un bandcamp.
Mentre la smania di accumulare file sonori
riempie hard disc di inutili cloni
e finisce per alterare e falsificare il sentire
Gigi Masin continua a proporre, a perseguire un suo modello
di suono
che scegliendo deliberatamente la poesia
arriva a snidare l'anima del mondo e di noi stessi.

"Talk to the sea" esce in doppio vinile per l' olandese Music From Memory.

E' una collezione che spazia nella trentennale vita artistica dell'artista veneziano tra inediti e pezzi inclusi nei suoi oramai introvabili album.

C'è da chiedersi, piuttosto, perché da noi
nessuno (o quasi) abbia mai dato spazio a dischi così
dischi capaci di riattivare la facoltà della sensibilità
in un mondo (musicale ma non solo) dove questa facoltà è
 stata distrutta.
Che dipenda dal fatto che Gigi coltiva, a modo suo, la
 profondità
mentre questo paese, oramai assuefatto, l'ha dimenticata
vivendo appagato nel dominio della superficialità?

agosto 2015
Holidays in paranoia

Uno va di qua, l'altro va di là. Meglio: uno va l'altro resta.
Le vacanze estive sono così: a volte capita di restare a casa a causa di una serie di sfighe.
Però l'orecchio no! Quello non resta, anzi si muove incessantemente.
Quando passi le vacanze a casa e le notti si allungano per la mancanza di sveglia mattutina arrivi a fagocitare così tanti suoni e a inghiottire così tante musiche convinto che in ferie il tuo cervello rilassato sia in grado di elaborare il tutto.
Il problema è tutto li, o quasi. Nella rottura del rapporto tra orecchio e cervello. Fra ascolto e conoscenza. Ascoltare non è più sufficiente a conoscere. E per conoscere e capire di musica non basta un gran volume di cose ascoltate.
Terremotato dalla pervasività delle nuove tecnologie, l'oceano di suono è diventato uno fluire inarrestabile e la logistica della percezione sconta una debolezza cognitiva che assume proporzioni sempre più allarmanti.
Anche il mio orecchio intento ad ascoltare più suoni possibili, tutto ciò che era sfuggito all'ascolto durante l'anno, sembra incapace di quel processo di strutturazione delle informazioni e del sensibile che è alla base di ogni conoscenza.
Per questo costruire una trasmissione come Diserzioni resta per me essenziale. Perché mi costringe a scegliere cosa ascoltare, perché mi costringe a riconnettere l'orecchio al cervello.
Quel che conta non è ascoltare tutto ciò che attira l'attenzione (peraltro impossibile) ma che ci sia qualche suono che accenda

ancora qualcosa. Qualcosa che punge, che stimoli contemporaneamente l'orecchio, il cervello e l'anima. Anche in vacanza.

Buone vacanze dunque, a chi resta e a chi va. E buona caccia di suoni.

Diserzioni come di consueto torna settembre. A cartografare i miei ascolti sperando di essere mappa utile anche per i vostri.

agosto 2015

New Wave of Instrumental Grime

Estate 1994.

La musica liquida era ancora un' orizzonte a venire e la mia sete di suoni la dovevo soddisfare rovistando avidamente nei negozi di dischi. In un record shop di Soho, mentre cercavo tra gli scaffali, sentii un giro di batteria conosciuto, molto conosciuto. Sembrava proprio l'attacco di "Sunday Bloody Sunday" ma era fuori contesto, immersa com'era negli scratch . Mi avvicinai al vinile che girava sul piatto incuriosito. Il disco portava al centro una scritta: "Mo Wax" cosi per capirci qualcosa mi feci passare la copertina. Era un triplo vinile che all'interno si definiva: "a collage of 16 excursion from the hip hop instrumental avant garde".

Comprai quella compilation dal titolo Headz e iniziò una passione per l'hip hop strumentale, quello emancipato dalla figura del MC. L'Hip hop classico non mi aveva mai preso completamente nonostante fossero gli anni delle posse anche in Italia.

Il pezzo che provocò tutto questo era "Lost & found"di Dj Shadow.

Lo stesso mi succede ora dopo più di 20 anni con un genere che è una derivazione del hip hop ovvero il grime. Anche in questo caso mi appassiona molto di più quando non c'è l'apporto vocale del MC, perché quando il sound si emancipa da esso sembra perdere la sua parte più "machista" e diventare più introspettivo e romantico.

L' instrumental grime mantiene quel punto d'incontro delle parti più oscure e malsane del Uk garage così come le ritmiche sincopate di matrice 2step, ma qui tutto diventa più minimale, rallentato, intimo e incentrato molto di più sulla sperimentazione elettronica.

Rimuovendo la centralità del MC (che spesso usa uno slang tipicamente Londinese, difficilmente comprensibile da chi non proviene da Londra), i produttori di grime strumentale focalizzano l'attenzione sull' atmosfera che ha reso il grime così eccitante, rendendolo fruibile così anche fuori dalla capitale inglese e dai suoi club.

Si tratta di musiche che dipingono un futuro molto buio, distopico, un immaginario cyberpunk. Ma c'è anche il gusto per un'esplorazione melodica dei sintetizzatori che intraprende strade fantascientifiche che guardano contemporaneamente sia allo spazio esterno che a quello interno. E' musica che parte dal grime e magari li ritorna ma che diventa espressione di un sentire comune anche in giovani che non hanno vissuto l'esperienza della scena londinese. Insomma si stacca dalle strade della metropoli inglese per diffondere quell'atmosfera anche altrove.

Così facendo si allarga il potere dell'immaginazione che diventa macchina di rielaborazione prendendo frammenti dal magazzino della memoria per ridisegnare ancora una volta i confini e le forme. Questo ridisegno rende possibile proiettare il mondo del grime da inedite prospettive e permette di creare nuovi orizzonti per la musica elettronica nel suo complesso.

5 nomi e 5 brani della *"New Wave dell'Instrumental Grime"*

Rabit "Imp" il brano che apre l'EP Baptizm , inizia con tre note di sintetizzatore a creare la melodia. Dopo 40 secondi o giù di lì, questo si dissolve, aprendo lo spazio per una più complessa linea di synth, fatta di frammenti di melodie in "fade in" e "out". I toni sono molteplici: alcune note suonano piene, come un organo da chiesa; altre suonano come violini pizzicati; e nell'insieme suonano come l'intro che potrebbe salutare l'ingresso di un personaggio dei videogiochi. Videogiochi è una delle parole chiave per il grime strumentale. Anche quando il sound diventa più aggressivo, sembra estraneo alla violenza fisica, questa è musica fatta in prevalenza da giovani nella propria cameretta e sembra uscita dalla loro vita virtuale.

Slackk "Palm tree fire" : velocità che sfoca l'immaginario di strada a notte fonda, storie allucinanti situazioni senza un inizio, né una fine, né un perché. La virtualità si scontra con il reale. Disorientante è la parola giusta.

Logos "Glass": la melodia sintetica che come il vetro diventa solida con il raffreddamento di sostanza liquida e che se fuori sembra inerte all'organico e perfettamente liscia e adatta al fluire infinito della rete, dentro è fragile e tagliente. Anche la vita virtuale ha la sua inquietudine.

Visionist "More pain": solitario melodico ed empatico. Questa estetica così intima ha presto fatto breccia nei duri cuori del grime. Come rendere il "dark" giocoso

Mr Mitch "Sweet Boy Code": atmosfera di vuoto urbano alla Burial. È un brano grime così triste e romantico che quando Mr Mitch ha fatto ascoltare "Sweet Boy Code" alla sua fidanzata, Mrs Mitch, si è messa a piangere: la traccia è tanto lenta ed intensa con un tenebroso campione vocale stretchato di Dark0 da trasportarti nella notte più profonda, da solo, fino a rallentare il battito del cuore ed evitare lo spasmo.

----

ps) Boxed è la serata londinese ideata dai vari Logos, Mr Mitch & co, casa della cosiddetta "new wave of instrumental grime". Se vi capita di essere da quelle parti non perdetela!

giovedì 11 giugno 2015
The sound beyond

Ho avuto una visione l'altro giorno.

Dovuta al caldo, forse...

Era un'orribile giorno al calor bianco, un afoso giorno come tanti altri nella padania orientale.

Stavo camminando in quei non-luoghi fatti di asfalto, tipo centri commerciali, parcheggi con cartelloni pubblicitari rotanti, vetrine che riflettono il sole accecante, insomma quei posti che nei festivi diventano "alternativi" alle lunghe code verso il mare.

Ma la cosa peggiore era la musica, orribile, specchio di un mondo dove le uniche cose a durare più di una canzone di Antonacci sono guerre e carestie. E quando gli altoparlanti ripetono qualche radio è anche peggio: alternano musica inascoltabile a inutili speaker gossippari. Mi sento soffocare e decido di accelerare il passo per scappare da lì.

Ad un tratto giro in una stradina di campagna, mentre l'aria rinfresca e la luce lascia spazio alla penombra della sera riflessa nel largo canale. Sono circondato da querce per le ghiandaie, noccioli per i moscardini, biancospini per i merli, ontani per i lucherini e poi carpini, frassini, salici per i picchi ...

Ed è subito un altro vivere. C'è musica nell'aria, un suono che mi ricorda emissioni notturne di tanto tempo fa.

Quel suono dell'anima che non riesco mai a riascoltare perché invaso dal "troppo" attuale.

Intro romantico affidato al solo pianoforte, dalla quale lentamente emerge una breve ossessiva melodia sulla quale si aggiungono il clarinetto, un decadente coro di tastiere ed ultima, la voce a cavalcare una armonia che cattura.

Voci e suoni amici, conforto di un passato pieno e di un futuro aperto. Il paradiso insomma.

Da non muoversi più da qui.

Ma ecco proprio sul più bello sento una botta sulla spalla e il brutto concerto di chiacchiericcio, di "one nation one station", di clacson, di rombi di motore e voci incazzate ricomincia: "Ecco il tuo solito mondo di merda".

Quella breve ed intensa visione ora mi sfugge, ma il suono attraverso la quale è apparsa rimane: **Minox - Psiche**

maggio 2015
L'arte del silenzio non invecchia

Nemmeno ci provo. Proprio non ne sarei capace.

Di fare una recensione cinematografica, dico, per quella vi rimando ai "critici cinematografici".

Ma "Youth" di Sorrentino mi ha portato dentro a certi rit(m)i del mio sentire. Perché ci interroga, oltre che sul tempo che passa, anche sul senso del silenzio. Che non è tanto l'assenza di suoni, ma la base stessa del suono, del linguaggio e forse anche del cinema.

Ci invita a renderci "sensibili a quei fili di silenzio di cui il tessuto del suono è intramato".

Insomma più che seguire una trama questo film sembra segua una partitura.

"Io capisco solo la musica" dice Michael Caine che in "Youth" è un corteggiato compositore e direttore d'orchestra che si è ritirato dalle scene "c'è e non ha bisogno di parole, né di spiegazioni"

Solo a partire da questa consapevolezza, ben presente nel protagonista del film, si può scoprire che paradossalmente il silenzio parla molte voci. Ce n'è uno prezioso (il silenzio è d'oro) e uno che indica penuria (il silenzio di tomba), ma anche il silenzio che crea tensione e quello della mancanza come in "Lisbon story" di Wenders quando il fonico registra l'assenza dell'amico.

Ma tornando al film di Sorrentino: vedendo le scommesse dei due vecchi amici (Harvey Keitel e Michael Caine) sul fatto che la coppia vicina di tavolo non si parla mai: "stasera apriranno bocca, sì o no?" oppure nella scena dove la giovane massaggiatrice sussurra: "non serve parlare basta toccarsi per capirsi", sembra che il regista voglia riflettere sul silenzio e sul fatto che bisogna re imparare ad ascoltarlo e in questo caso anche a guardarlo.

John Cage diceva: "Non esiste il silenzio. Accade sempre qualcosa che produce suono". Ma per captare quel qualcosa bisogna sottrarsi al rumore di fondo.

Certi silenzi possono sembrare apatia, e di apatia viene accusato dalla figlia il musicista protagonista di Youth. Ma guardare o sentire una cosa vuota è sempre guardare o sentire qualcosa, se non altro gli spettri della propria attesa.

L'apatia semmai è frutto della comunità obbligatoria connessa 24 ore su 24 che ci impedisce di restar in silenzio. E allo stesso tempo l'affollamento di immagini, parole, suoni di oggi essendo privo di corpi è oppresso dalla solitudine.

Imparare la sottrazione dalla massa infinita di rumore, ricreare le condizioni per l'ascolto del silenzio, ecco cosa serve per accorgersi dell'altro da sé. Perché diventare apatici è sicuramente peggio che diventare vecchi.

maggio 2015
Il cielo sopra Sherwood

"E' un festival rock!" questa affermazione di un mio giovane amico quando gli ho mostrato il programma del Sherwood festival 2015 mi ha fatto pensare:

Ma Sherwood è un festival rock? Parlare di Rock ha ancora senso? Il rock è vivo o è morto?

Sicuramente non è più quello di una volta, ma siccome considero la nostalgia una passione triste vale la pena di indagare cosa è cambiato.

Il rock era basato su alcuni parametri ampiamente condivisi: immediatezza e potenza comunicativa, immagine, ribellismo e centralità del front-man cantante. Quando queste qualità coincidevano nasceva l'icona rock capace di impersonificare in sé le inquietudini, le ansie e i desideri di intere generazioni.

L'ultima scena musicale (il Grunge) e l'ultimo martire rock (Kurt Cobain) sono nati nella città (Seattle) e nel tempo che ha dato il via alla rivoluzione digitale. Una coincidenza piena di significati. Mentre i grandi giornali rock riempivano le copertine di quest'ultima icona, la musica e la sua fruizione si trasformava radicalmente grazie ad un uso moltitudinario delle nuove tecnologie. Il musicista diventava spesso "senza volto" e "senza scena" e ad eccezione forse del dubstep londinese anche senza un vera connotazione geografica. E proprio in quel periodo si cominciò a parlare di "Post Rock".

In poche parole è la post-modernità che si fa musica e così anche il rock essendo incapace di narrare ancora il sentire delle nuove generazioni native digitali, cambia pelle.

La musica cambia in tutti i campi: composizione, realizzazione, produzione, fruizione, circolazione. Le etichette discografiche e la promozione diventano marginali, gli studi non servono più: basta la propria cameretta e la rete.

In un mondo in cui sei rincorso da miriadi di richiami, apparati di cattura di un potere mediatico che pervade la vita è nata in molti la convinzione che "è meglio perdersi che essere trovati". Per questa generazione precaria con le sue vite insoddisfatte l'idea beatnik del "viaggiare senza arrivare" è diventata l'idea del "perdersi da nessuna parte".

Il post rock diventa ricerca di un'altrove: la consapevolezza dell'impossibilità di lasciare il segno in in mondo inflazionato dai segni, e di contro la ricerca della beatitudine che permetta di svettare sopra il presente almeno per la durata di una canzone. Anzi per la durata di un brano visto che il formato canzone è definitivamente superato. Il rock per come lo avevamo tradizionalmente inteso non c'è più!

Da anni insomma c'è un fantasma che si aggira per l'oceano di suono e si chiama "rock" che si materializza oramai solo nei megalive estivi di vecchie e stanche icone che non si lasciano svanire oppure nei loro cloni e nelle loro cover band.

Ma allora ha ancora senso parlare di questo genere musicale che ha segnato il secolo scorso? Forse sì! Magari per fare un volo interstellare, lì dove Dio si trasforma in un astronauta, guardare il cielo sopra la foresta di Sherwood e spiccare il volo oltre quel che resta del rock.

Sabato 11 luglio 2015
Diserzioni: God Is An Astronaut & Blonde Redhead

aprile 2015

Fuori Orario: Cose (mai) sentite

Dormo poco. Forse 4 o 5 ore per notte. Ascolto musica nelle ore tarde, mi rilasso cuffie in testa seduto nella comoda poltroncina. Sarà l'età o la pigrizia, o il fatto che mi alzo presto, ma non mi muovo molto di notte. Per sentire musica dal vivo cerco (ma non trovo) concerti fuori orario, almeno per lo standard nostrano.

Mi piacerebbe andare a sentire un concerto nel tardo pomeriggio. Nei giorni feriali soprattutto. Mi piacerebbe provare il contrasto che ti fa passare bruscamente dalla luce del giorno al buio della sala. Mi piacerebbe l'idea di rompere la catena del tempo produttivo, in maniera insolita, almeno per la logica economica che domina il nostro paese e il nostro rapporto con il tempo.

Mi piacerebbe anche il pubblico di questo concerto pomeridiano, immagino lo stesso che va al cinema di pomeriggio: studenti solitari, coppiette clandestine, malinconici romantici …

Non ci sarebbe la continuità tra il buio della notte e quello della sala. Non ci sarebbe la socialità chiassosa che popola i concerti notturni. Non ci sarebbe l'euforia dei tanti aperitivi consumati aspettando l'ora fatidica.

Al pomeriggio ai concerti ci si andrebbe più che altro da soli. Come per cercare un rapporto esclusivo con il suono. O per nascondersi dal mondo.

Ricordo un'estate a Londra. Alle 6 pm entrai in una chiesa sconsacrata al concerto di Thomas Koner. C'era molta gente, sguardi attenti, concentrati, emozionati quasi. Due ore di musica e proiezioni dell'acido che corrodeva una pellicola, un'immersione da brivido nell'aurora del suono. E alla fine un applauso. Timido, pudico, imbarazzato, senza la sfrontatezza della standing ovation, ma convinto e in un certo senso perfino commosso. Uscire dal concerto che ancora non è buio e tornare a casa con i mezzi pubblici immerso in suoni nelle cuffie e pensieri non ancora offuscati dal sonno.

Un po' come la notte per la televisione, il pomeriggio per i concerti potrebbe essere il fuori orario, ovvero "un contenitore anarchico di suoni". Ma invece è solo la mia "magnifica ossessione".

James Blake e crooners in divenire

Sembra spuntare di nuovo la "canzone".

Anche nelle più ermetiche, indefinibili e indecifrabili musiche degli ultimi anni.

Al termine di un'era dominata da voci pitchate, evanescenti, spettrali usate dai produttori elettronici, prese a piene mani dal postdubstep e poi da molti altri generi, sembra spuntare di nuovo l'esigenza del cantato.

Naturalmente il "songwriting" non è mai sparito, ma restava legato a vecchie formule. Ora però la tendenza di manipolare digitalmente frammenti di voci è diventato in molti casi manipolare digitalmente la propria voce per diventare cantante; insomma dalla costruzione di tracce si ritorna a scrivere canzoni.

Prendiamo il più famoso degli esempi: James Blake, senza dubbio l'uso della voce nei i suoi primi lavori era ispirato da Burial la cui combinazione di beat 2step e campioni vocali aveva indicato la strada per le più originali musiche degli anni a venire.

Burial produceva tracce che sembravano versioni dub di canzoni, solo che le canzoni non c'erano. Ora sembra ci sia l'esigenza di costruire gli originali, e questo ha comportato la sostituzione dei campioni con dei vocalist reali.

Ascoltando i dischi di Blake in sequenza cronologica, questo risulta emblematico: è come ascoltare un fantasma che gradualmente assume una forma materiale.

Una traccia come " I Only Know (What I Know Now)" da Klavierwerke EP è l'esempio perfetto di come la canzone spariva in una "version" fatta di una serie di sospiri intonazioni incomprensibili.

La voce qui è una manciata di pitch e tic e ha un effetto spettrale che si espande per tutto il pezzo.

Ma con l'omonimo album di debutto di Blake, già qualcosa cambiava e la voce de-frammentata di Blake si spostava in primo piano del mix, pur mantenendo quella tremante, tremula, precaria qualità che rendeva i testi sfuggenti e le canzoni non ancora compiute.

L'ultimo "Overgrown", le influenze post-dubstep si sono ulteriormente attenuate.

Il formato canzone riprende sempre più la sua forma, anche se non ancora (fortunatamente) del tutto definita.

Quello di James Blake è solo l'esempio più famoso ma la tendenza si è molto diffusa.

Cosa resta dell'influenza del post dubstep/ elettronico in questa evoluzione?

Certamente la malinconia del post rave. Il ritorno all'introspezione, il ritorno a casa dopo l'euforia della "generazione ecstasi" accompagnata da bassi allungati e tremolanti a renderne instabile l'impianto.

Questa tendenza di ritorno alla canzone risulta interessante quando resta ancora ibrida.

Mezza canzone, crooner in divenire, un fantasma ancora non materiale.

marzo 2015

Luca Urbani: Affinità-divergenze Tra Il Compagno Togliatti E Noi..

Eravamo simili ma non uguali.

Simili ai punk, anche loro in lotta con un presente nero e con la stessa ansia di sperimentare. Ma mentre il punk urlava fuori c'era chi urlava dentro.

C'era chi al pogo preferiva i lenti movimenti circolari in pista da ballo, chi alla rabbia disperata faceva subentrare un intimismo altrettanto (e forse più) disperato.

Sono passati 30 anni da "1964-1985 Affinità-divergenze Tra Il Compagno Togliatti E Noi - Del Conseguimento Della Maggiore Età" dei CCCP frutto dell'incontro tra il chitarrista Massimo Zamboni e il cantante-sciamano Giovanni Lindo Ferretti. Il sound era nevrotico, allucinato senz'altro punk. Ora Luca Urbani effettua un'operazione inusuale ovvero il rifacimento integrale di quell'album dei CCCP, facendolo diventare altro, una creatura simile.

Perché riprendere i nervosi gli psicopatici CCCP? Per la semplice ragione che la nevrosi e la psicopatia sono le più acute malattie di cui soffriamo tutti anche oggi.

Ma mentre dico queste parole so benissimo che tutto cambia e niente è come trent'anni fa.

Lo so, ma le dico lo stesso. Le dico e le ripeto, perché vedo lo stesso presente nero e la stessa voglia di trovare una via d'uscita anche ora.

Quindi questo disco nonostante ricordi più l'intimismo dark che la furia punk, più i Cure che i Sex Pistols, più Robert Smith che Johnny Lydon, insomma che alle sfuriate delle chitarre sostituisce un suono più riflessivo e ricercato è comunque dedicato a coloro che vedevano gli anni 80 della sfrenata corsa al consumismo alla rovescia.

Questa rilettura di uno degli album più importanti della Musica italiana (con la "M" maiuscola) ha provocato in me un profondo piacere. Perché a volte serve accompagnare la propria follia, il sentirsi costantemente fuori posto con suoni in cui riconosci parte della tua storia mantenendo lo spirito limpido e la visione chiara che è:

"Solo una terapia, solo una terapia, solo una terapia..."

febbraio 2015
Jesus and Mary Chain apparsi in sogno

Ho fatto un sogno l'altra notte.

Uno piccolo, per carità, di quelli che mi capita di fare fin da quando ero piccolo ed avevo la febbre alta.

E per la verità, non son neanche tanto sicuro che stessi dormendo.

Sapete, una cosa non è cambiata nel tempo: mi capita di farlo anche da sveglio anche se son più spesso incubi che sogni.

Era dunque notte e la televisione era rimasta accesa non so per quale motivo, scesi le scale per spegnerla e vidi Fabio Fazio che stava per presentare quello che definiva la band del momento: Jesus and Mary Chain.

Ecco, pensai, al solito si accorgono del "Tempo che fa" sempre trent'anni dopo.

Stranamente lo studio televisivo, di solito pieno di luci, si rabbuiò completamente e i pochi flash di luce illuminavano quattro personaggi avvolti nell'ombra e nella nebbia.

Rimasi stupito perché i quattro sembravano poco più che ventenni: erano i J&MC del 1985:

Bobby Gillespie batteva su in alto tamburo, a fianco l'essenziale apporto del bassista Douglas Hart mentre i fratelli William e Jim Reid con lo sguardo rivolto alle punte delle loro scarpe muovevano lentamente le loro teste di capelli neri arruffati.

Il loro muro di suono, puro feedback, usciva dalla TV e invadeva le case divulgando quell'atteggiamento esistenziale di milioni di giovani: il disorientamento come perdita delle coordinate per orientarsi in mondo inflazionato dai segni, e di contro la ricerca della beatitudine che permetta di svettare sopra il reale almeno per la durata di una canzone. Inquieta beatitudine!

Un miracolo insomma. Da non staccarsi dallo schermo neanche se sta per cominciare un film di Kubrick su un'altro canale. Quand'ecco che, proprio sul più bello, si accendono le luci in studio e ritorna un frastornato Fazio che annuncia la pubblicità e che il prossimo ospite sarà: Federica Pellegrini.

Bentornato alla solita realtà di merda!

Il mio sogno (cut-up mentale) ha ritirato fuori dal mio inconscio un breve e intensissimo concerto dei nostri visto al Prego di Milano negli anni '80 e lo ha trasportato in un studio televisivo dei nostri giorni.

Adesso i Jesus and Mary Chain tornano a riproporre live il loro primo album Psychocandy a trent'anni dall'uscita e forse l'unica cosa positiva in tutto questo è l'ennesimo corto circuito che la loro musica è riuscita a fare nella mia mente.

febbraio 2015
Apocalypse now
Il sempre inattuale "dark" sound

Sono inattuale.
Fuoritempo, fuoriluogo.
Tanto inattuale
da selezionare ancora
- trasgredendo le più elementari regole
del marketing in rete e nella radio -
suoni sconosciuti e oscuri
che fanno del "DoItYourself" la loro forza.
Musicisti che nel tempo dei selfie e del gossip
si nascondono dietro cappucci neri
che nel tempo dei camerini, dei backstage spiati
e dei palchi luccicanti dei talent show
stanno chiusi nelle loro camerette
illuminate solo dalla luce del monitor.
Perché questa musica ha questo di grande:
che non è mai in diretta televisiva
che non crea stars e spettatori
ma sa essere in diretta con la vita
di molti giovani, di identità "altre"
e con un sentire comune di precarietà
che non ha più frontiere.
E' un sentire comune che è ora
ma che è sempre stato
almeno fin da quell'urlo punk:
"No future!"

C'è lo stesso grido "now"
ma è un ritorno uguale e diverso.
E' il senso che il suono
e solo il suono
ha da sempre per me
e per le creature a me simili.
Quel condividere inquietudini e intimità
magari aiutandoci a guardare meglio
dentro il nostro cuore di tenebra.
E a vedere qualcosa nel buio
che sempre più fitto ci avvolge.
Soprattutto ora, proprio now.

dicembre 2014

.. dedicato a chi non sa fare le playlist di fine anno

Ma serve ancora a qualcosa fare le playlist di fine anno?
La domanda riecheggia di nuovo inevitabile.

Assieme alla domanda - ossessiva, annoiata, rituale, necessaria – circolano anche alcune risposte nei vari forum musicali.

Qualcuno ritiene che queste classifiche dovrebbero avere essenzialmente una funzione semaforica: dovrebbero cioè suggerire il via libera o lo stop all'ascolto di un disco visto l'impossibilità comune del scegliere nel marasma musicale odierno. Qualcun'altro pensa che la funzione sia essenzialmente giudicante, una sorta di tribunale estetico in cui si emettono sentenze e si eseguono condanne (tanti mettono pure le classifiche dei peggiori dischi dell'anno). Qualcun'altro ancora pensa che siano un momento di mediazione tra l'autore e il suo pubblico. Chi solo un gioco...e si potrebbe continuare.

E chi non ama nessuna di queste figure?

Chi non si ritrova né nei panni di un semaforo né di un giudice, né in quelli di un mediatore. Che fa? Rinuncia? Decide di fare altro? Si iscrive al partito del "quelli sì che erano tempi"?

Io semplicemente penso che non serva fare playlist per parlare del suono attuale. Penso che oggi non serva tanto fare da mediazione tra l'autore e l'ascoltatore (entità oggi quanto mai fantasmatiche) quanto piuttosto tra il mondo e il senso. Il suono sta lì nel mezzo. E chi "scrive" di musica dovrebbe essere colui che tesse relazioni tra l'uno e l'altro. O che proietta l'uno sull'altro. O genera l'uno a partire dall'altro.

Per farlo deve saper ascoltare oltre. Deve rivelare ciò che in genere non viene rivelato.

Consapevole comunque di rivelare una parzialità infinitamente piccola di un mondo che contiene un'infinità di mondi.

Non c'è via d'uscita: per me la playlist di fine anno è impossibile stillarla.

Non mi resta che continuare a muovermi attraverso il suono fra il mondo e il senso senza pretendere di sapere una volta per tutte dove sto andando. Ma senza mai dimenticare che se nel mio orizzonte resta solo il suono (e non c'è il mondo, e non c'è il senso) forse è meglio che smetta di trasmettere e scrivere di musica.

dicembre 2014
Dream Machine

L'avevo letto da qualche parte. Probabilmente in in libro di William Burroughs.

Esisteva una macchina in grado di generare sogni!

Si chiamava Dream Machine ed era stata inventata e costruita da Brion Gysin and Ian Sommerville.

Poi d'incanto la trovai su una rivista (allora internet non c'era) che dava perfino le istruzioni per costruirla. Metterla assieme fu un gioco da ragazzi e per farla ruotare a 78 giri bastò usare la vecchia valigetta giradischi di mia madre. Ma generare quei sogni si dimostrò molto più complicato: passai ore davanti a quei lampi di luce senza ottenere granché.

Anni dopo lessi che dei progettisti giapponesi avevano creato un programmatore subliminale di sogni, lo Yumemi Kobo, uno strumento che serviva a costruirci dei sogni su misura.

Non mi sono mai informato dell'attendibilità del progetto ma di sicuro questo progetto presagiva una certa tendenza sempre più diffusa nell'universo mediatico e anche musicale.

Le nuove tecnologie di diffusione del suono in streaming (Spotfy, I Tunes, Deezer, Google Play Music...) sono sempre più in grado di regalarci musiche tagliate su misura: possono creare playlist di genere, creare radio per ogni gusto...trasportando l'intenzione di quei progettisti giapponesi in musica.

Ciò non significa che questi strumenti sappiano aprire i confini della percezione e dell'immaginazione. Anzi, l'immaginazione si nutre della messa in corto circuito delle proprie convinzioni sonore.

Ecco perché Diserzioni preferisce lasciar galleggiare suoni in un "cuore di tenebra" ambiguo e inafferrabile che nessuna macchina potrà mai programmare.

Ma soprattutto ci pare che l'immaginazione sia incompatibile con l'autoreferenzialità perché a furia di sognare solo e sempre se stessi si finisce male. Un po' come le vecchie stars afflitte da narcisismo onanistico. La tristezza di vedere all'opera gli ultimi U2 ne è la prova e solo un esempio tra i tanti di questa deriva.

Per fortuna c' è "l'altro suono", che a suo modo è da sempre una Dream Machine, ma impedisce di sognare ciò che vogliamo.

Ci impedisce di illuderci che i nostri sogni siano gli unici desiderabili e ci spinge invece a ricercare altri utopici sognatori nelle lande sconosciute nel suono.

ps) nota/trip/delirio scritto riascoltando un promo in vinile rosa con al centro la scritta "Underworld - Rez" a più di 20 anni dall'uscita

novembre 2014

La sfera sonora nella rete

musica senza territorio e calendario

"Badi che l'idea di progresso ha un fondamento cartografico. Se la Terra è una gigantesca e infinita tavola, le cose che oltrepassiamo rimarranno dietro di noi per sempre. Se invece - come oggi la globalizzazione obbliga a riconoscere - ci muoviamo sulla superficie di un globo, cioè intorno a una sfera, allora tutte le cose che credevamo superate, prima o poi, ritorneranno fatalmente di fronte a noi".
Franco Farinelli

Riattraversare la storia, ripensare la geografia.

I suoni dei quali ci occupiamo ogni settimana all'interno di Diserzioni ci spingono in questa direzione.

Ci offrono un'altra visuale prospettica.

Ci ricordano come oggi, nell'infinità sonora, non esistano più scene musicali che si riconoscano dalla provenienza territoriale come era un tempo. Non c'è più la Madchester, nemmeno la Sheffield industrial, la Seattle grunge, la Bristol trip hop e nemmeno la techno di Detroit o berlinese....ma un sentire condiviso in ogni luogo del mondo e in tempo reale.

Ma soprattutto il suono è capace di concepire contemporaneamente diversi piani dell'esperienza passata, presente e futura e di convivere con apparati tecnologici ipercomplessi e iperveloci, insomma di avere una percezione non storica della temporalità.

Perché la storia e la geografia della musica non è più quella che continuano a raccontarci nei network radiofonici, in televisione, nei talent show, nei giornali "influenti" …

Questi auspicano le sorti progressive e lineari del mercato musicale, insistendo sulla celebrazione della star, dell'artista geniale, del diritto d'autore, dei dischi venduti insomma del mondo che fu. Intanto miriadi di sconosciuti produttori inondano la rete di suoni che incrociano luoghi e tempi. Non c'è più il genio che rappresenta un'epoca o un territorio/genere musicale perché il genio è collettivo/comune e parla al mondo intero.

Chi sa ascoltare l'oceano di suono attuale riconosce questo fuoricampo e lo rimette in campo. E lo fa sentire.

Racconta il complesso, stratificato e contraddittorio suono d'oggi, consapevole dell'abisso che si spalanca tra il funzionamento di questo scenario e le nostre capacità di comprenderlo e spiegarlo.

E comunque rammenta una differenza: c'è chi consente all'ascoltatore di sentire solo ciò che già conosce e chi invece spinge a ripensare sempre ciò che sente.

Che sia per questo che molti parlano di "musica finita" e di creatività in via d'estinzione e fanno di tutto perché si estingua al più presto?

settembre 2014
Dedicato a chi non ha paura di ricominciare

E così ancora una volta, ricominciamo.

A quasi 25 anni dalla prima emissione (ottobre 1989) e 10 anni dalla trasformazione di "The crystal ship" in "Diserzioni".

Ricominciamo per continuare a nutrire l'anima che fece nascere questa trasmissione tanti e tanti anni fa. Sembra un miracolo se ci guardiamo indietro: in un mondo dove niente viene fatto senza tornaconto, questa trasmissione è andata in onda senza interruzioni per 25 anni mossa solo dalla passione per il suono, contando solo sulla stima dei propri ascoltatori.

L'obiettivo è quello di continuare e cambiare, come sempre, come è cambiato e cambia radicalmente il mondo della musica e della radio: dalla puntina del giradischi all' mp3, dalla lettera manoscritta al social network, dalla ricerca dei vinili in mezza Europa all' intasamento dei link ai soundcloud e bandcamp... ne è passata di acqua sotto i ponti.

Ma eravamo, geneticamente e orgogliosamente, una trasmissione di nicchia.

Un punto di vista non allineato.

Uno sguardo curioso e a volte indignato.

Vorremmo continuare ad esserlo.

Questo significa continuare a ricercare sapendo che non ci sono più onde da seguire, non ci sono "new wave" da cavalcare come quando abbiamo iniziato e il surf rischia spesso di divenire zattera alla deriva nel desertoceano sonoro attuale.

Il compito è arduo, ma il naufrago non ha scelta ed un solo pensiero: La speranza di trovare una nuova terra. E siccome siamo senza bussola dobbiamo creare le condizioni che rendono possibile almeno il miraggio di nuove scie da seguire.

Lo faremo usando quelle facoltà che più ci aiutato in tutti questi anni: la passione, la sensibilità e il desiderio. Lo faremo usando i nuovi strumenti d'informazione: non solo radio e podcast, ma anche le potenzialità che un portale multimediale mette a disposizione attraverso interviste, approfondimenti, recensioni, video...

Perché amiamo il suono. Non tutti i suoni ovviamente: solo quelli che smuovono qualcosa dentro l'anima e che riteniamo indispensabili.

Alla musica (all'idea che ne abbiamo) e alla nostra vita.

luglio 2014
I cannocchiali del nostro tempo

Qualche tempo fa, mi è capitato di passare una piacevole serata in compagnia di alcuni giornalisti/critici musicali e una cosa appariva chiara dai loro discorsi: la musica se non è morta è sicuramente moribonda, forse oggi è meglio riscoprire e far conoscere ai più giovani suoni dimenticati del passato.

Io invece insistevo invano che bisogna continuare a guardare avanti anche se tutto è diventato più complesso, sostenendo che con l'avvento della digitalizzazione niente può essere guardato come prima.

Subito mi è tornata alla mente una pagina molto bella: in "Vita di Galileo" di Bertold Brecht, i padri della chiesa, invitati a guardare il suo cannocchiale per verificare la veridicità delle sue scoperte, rifiutano cortesemente di farlo.

Lungi da me fare improbabili paragoni, ma il mondo musicale in Italia spesso sembra come quei cardinali: preferiscono non vedere e non guardare pur di poter difendere il loro dogma.

Facciamo un esempio, Diserzioni propone ogni settimana dieci pezzi nuovi pescati nell'infinito oceano di suono e spesso mi sorprendono. Pur frutto di una ricerca parziale (non può essere altrimenti) e spesso trovandoli nelle produzioni "free download" questi musicisti riescono ad emozionarmi e a descrivere il sentire delle nuove generazioni meglio di ogni altra arte.

Forse sono io che sono preso da un trip allucinato, ma l'unico problema che ho è l'abbondanza di suoni che passano nel mio apparato uditivo e la difficolta sempre maggiore a selezionare.

La sensazione è quindi che non solo non si entra nel merito del cambiamento epocale che la musica ha subito, ma si ribadiscono e si dicono cose che si sarebbero potute dire anche prima della cosiddetta rivoluzione liquida nella musica.

Sembra che il mondo musicale, almeno in Italia giri a vuoto su sé stesso, non approfondendo mai niente come un moto perpetuo che serve a rafforzare stereotipi, luoghi comuni e status quo.

Per averne conferma basta dare un'occhiata ai servizi di televisioni o giornali a riguardo della musica, oppure vedere chi suona dal vivo in giro per il nostro paese quest'estate.

Naturalmente ci sono le eccezioni, ma oramai siamo rimasti in pochi quelli che non temono di guardare dentro i cannocchiali del nostro tempo. Anche a rischio di farvi vedere e farvi sentire cose sgradevoli, ma sicuri di non perpetuare le certezze e i dogmi dei cardinali della musica.

Lo sguardo morto di un vecchio punk
A proposito di Giovanni Lindo Ferretti ad Atreju

Più che la presenza di Giovanni Lindo Ferretti ad Atreju, la storica festa dei giovani di destra, che non mi sorprende affatto, mi sconforta chi cerca ancora giustificazioni al suo operato attuale in nome di un passato ormai defunto.

E' vero che nella comunicazione d' oggi si può dire tutto o si può non dire niente, che si confonde la cronologia del tempo, che tutto è veloce, troppo veloce, ma qui si tratta di non vedere l'evidente. E' vero che io sono "old style", e forse non c'è posto per un "old style" nel tempo dei social dove si straparla di tutto senza che le parole e i gesti abbiano un peso. Ma sembra chiaro che il Lindo ha da tempo deciso da che parte stare: dalla parte più reazionaria.

Da giovane mi hanno dato "una cassetta degli attrezzi" che saranno forse obsoleti ma dei quali non riesco a liberarmi. Perché senza quegli strumenti non riesco a leggere il mondo. Per me sono tutto. Sono memoria e traccia e insieme, sono metodo per mappare l'infinita infosfera, sono la bussola con cui partire per non perdersi.

Non riesco a farmi attraversare dal flusso ininterrotto di informazioni senza scindere e analizzare attraverso quella "cassetta degli attrezzi".

Per capire quest'informazione che dice tutto e che dice niente.

Questi vecchi arnesi mi dicono che il tutto e il niente non stanno mai solo nelle notizie in sé, ma anche e soprattutto nel vissuto di chi le vive, di chi le ha vissute, di chi ha vissuto l'attimo in cui sono state "prese", prodotte o generate.

Ancora una volta, insomma, il destino delle informazioni è nei corpi e nelle vite vissute. Bisogna guardare lì.

Qui vedo il limite alla nostra capacità di comprensione del reale.

Le parole e i gesti seppur spersi nella liquidità digitale hanno un peso spesso tragico. Chi ha conosciuto le vite dei migranti, chi ha guardato i loro occhi, chi ha ascoltato le loro storie, lo sa.

Ecco perché non capisco chi giustifica certe azioni. E non tollero Giovanni Lindo Ferretti che con il cuore infranto, con gli occhi gonfi di lacrime ci racconta che suo malgrado è costretto da una legge superiore ad appoggiare chi costruisce muri e prendere le armi contro chi contende gli spazi della sua vita libera e del suo benessere, a difendere i confini della patria.

Perché il confine, come mi è stato insegnato, non è qualcosa che sta fermo sui limiti economici e geopolitici delle nazioni, ma è qualcosa che ci portiamo dentro. Dentro di noi, dentro il linguaggio, dentro il corpo, dentro ciò che facciamo.

Non può esserci buona fede nel Giovanni Lindo Ferretti, del "prima gli italiani". Perché portatore di confini da difendere e non di frontiere da attraversare.

Il "fascismo, comprensivo del nazionalismo e dell'integralismo religioso, dell'autoritarismo politico e dell'aggressività sessuale e così via... può essere ricondotto a una ossessione fondamentale: l'ossessione dell'identità, l'ossessione dell'appartenenza, dell'origine, della riconoscibilità.

Quella "cassetta degli attrezzi" che sempre mi aiuta a scindere e riconoscere mi dice che il vecchio punk ora è un privilegiato che dà sfogo all'egoismo ottuso di chi non riesce più ad allargare lo sguardo oltre sé stesso.

marzo 2014

Farsi spazio oltre il "mi piace"

In molti chiedono a Diserzioni, di fare delle playlist settimanali o almeno mensili delle migliori uscite sonore. Per attirare l'attenzione in rete e nei social funzionano.

Qualche anno fa, probabilmente, queste classifiche avevano un senso, forse.

Oggi non ce l'hanno più. Anzi, diffondono quell'idea di critica musicale in cui non solo non mi riconosco ma che ritengo fuorviante e dannosa.

Perché sottende l'idea che qualcuno possa essere giudice che emette sentenze, o un professorino che distribuisce voti, invece che dare un umile sguardo che spera di aiutare a scoprire alcuni angoli nascosti del suono. Sarebbe non consapevole della complessità sonora che viviamo credere di poter dire questo è il migliore. Il migliore di cosa? Forse solo quello che preferisco nelle miriadi di suoni che mi attraversano ogni giorno e che ascolto velocemente, che poi sono una una parte infinitamente piccola del panorama sia pur di nicchia che seguo.

Preferisco seguire scie sonore dove mi sia più dolce la deriva, che indicare approdi.

Questo mio atteggiamento mi dicono porterà meno interesse e molti "mi piace" in meno.

Poco male, continuerò ad essere incompatibile creandomi spazi oltre le semplificazioni ad uso social network e alla sbrigativa logica del "mi piace".

Ottobre 2015

Nick Drake: Northern sky (1970)
*L'emozionante brano che accompagna il nuovo spot
pubblicitario di Poste Italiane*

*Sei andato troppo a fondo
Hai vissuto su aria solida
Hai perso il tuo sonno
E ti sei mosso attraverso aria solida
Non so cosa non funzioni nella tua mente
So solo che non ti piace ciò che trovi nell'aria solida
Non sopporti quel che trovi nell'aria solida
Ti conoscerò, ti amerò, ti sarò amico
Ti seguirò sempre
Attraverso l'aria solida*

(John Martin, Solid air, per Nick Drake)

Era il 1986.

Ero un teenager, un "bocia", quando comprai il cofanetto quadruplo "Fruit tree".

Comprendeva i tre album ufficiali e un bootleg di inediti del cantautore inglese Nick Drake.

Un albero da frutta pieno di canzoni.

Queste canzoni come la frutta possono essere mature, acerbe, dolci o amare ma all'interno contengono dei semi che ti crescono dentro.

Quasi sottovoce, come ovattate, rarefatte, sussurrate. Eppure lancinanti.

Nick Drake con le sue canzoni ci ha regalato dischi necessari e indispensabili: quasi un'ecografia della solitudine che inevitabilmente ci assale di fronte ai traumi, ai buchi e ai vuoti della vita. Ma è stato anche il poeta della rilassata malinconia bucolica, l'uomo che canta la natura con la sensibilità e l'ingenuità di un bambino incontaminato. Cantava insomma i limiti dell'umanità rispetto all'eternità della natura.

Non ho mai provato una magia folle come questa
Non ho mai visto lune che conoscessero il significato del
mare
Non ho mai trattenuto un'emozione nel palmo della mia
mano
O provato dolci brezze sulla cima di un albero
Ma ora che sei qui
ravviva ogni cosa mio cielo del Nord

(Nick Drake, Northern sky)

Adesso che questa canzone viene usata per uno spot di Poste Italiane, adesso che il grande mostro tentacolare della pubblicità usa questa poesia per divulgare il cambiamento parassitario, mi torna in mente l'esortazione di un critico musicale che scrisse: "Vi consiglio di ascoltare Nick Drake. Potrebbe cambiare la vostra vita; certamente ha cambiato la mia".

"Per cambiare basta un'azione" ci dice quello spot, quindi se credete ancora che la musica sia capace di cambiarvi ascoltate i suoi dischi e dimenticate la pubblicità.

Discografia

- *Five Leaves Left (Hannibal, 1969)*
- *Bryter Layter (Hannibal, 1970)*
- *Pink Moon (Hannibal, 1972)*
- *Fruit Tree - The Complete Recorded Works (antologia, Hannibal, 1986)*

maggio 2014
Where there is love there is life

Che significato ha fare una trasmissione radio, che si sperde nell'odierno oceano di suono, dove milioni di file popolano i nostri hard disc e milioni di stimoli sonori entrano nel nostro cervello attraverso i social media? Me lo chiedo da tempo...

In questi ultimi anni per me ha significato restituire senso, corporeità, energia emozionale a suoni dispersi dal processo di astrazione digitale. È stata riattivazione di un desiderio di ricerca che il fluire digitale sembrava aver sterilizzato, svuotato, distrutto. E' stata condividere scie sonore con altri naufraghi nel tempestoso rumore bianco.

A volte sembra però che la digitalizzazione abbia succhiato via le energie sensibili dalla società e dalla vita culturale attraverso un insostenibile stress attentivo.

Ma nonostante quest'ipervelocità dei dati nelle "information highway" internet ha un'altra caratteristica, fondamentale in tutte le reti: ha dei buchi.

Insomma non è un universo chiuso, anzi non lo può diventare, per continuare ad esistere deve relazionarsi con un di fuori che rimane fuori controllo. Un organismo, reale o virtuale che sia, se impermeabile, se non traspira, muore. La complessità del mondo sonoro attuale non si limita al suo fluire infinito nella rete ma eccede quest'ultima. La rete assorbe e fa scorrere questa linfa vitale ma non la produce, ha bisogno di biodiversità e di organismi che producano senso al di fuori di essa, ha bisogno dei desideri, dei sentimenti di chi produce e diffonde questi suoni. La rete seleziona non esaurisce.

Ed è qui, in questi buchi, che altri media, altri suoni, altri sentire possono inserirsi e creare cooperazione e comunità in fuga dal fluire formattato. Il rapporto della rete con i corpi, con l'anima, con la sensibilità deve essere tenuto vivo attraverso questi stomi aperti che traspirano la passione e l'amore feroce per il suono. E questo amore non nasce nella perfezione della macchina ma nell'inquieto e imperfetto vivere.

febbraio 2014
Noi non ci sanremo

Nella settimana del festival di Sanremo mi ritrovo tra valanghe di post nei social network (anche di ascoltatori di suoni altri), tra decine di pagine dei quotidiani e non so quanti servizi televisivi dedicati a questo evento.

Penso ai suoni che sono passati nel mio apparato uditivo questa settimana e sorprendentemente m'accorgo di aver ascoltato quasi esclusivamente musica italiana.

Album di Gigi Masin, Stefano Guzzetti, Fabrizio Paterlini, Mario Massa & SaffronKeira, Molven .

Che sia il caso di ripensare la geografia sonora di questo paese?

Sicuramente questi lavori (e non solo) ci inducono ad uno scarto, a una dislocazione.

Ci offrono un'altra visuale prospettica.

E ci ricordano come il suono (e non solo quello) sappia lavorare contro l'omologazione e contro la rimozione.

Perché la realtà sonora italiana non è mai solo quella che ci racconta la televisione o l'informazione mainstream.

Con buona pace degli apologeti dei Talent show che incessantemente celebrano le performance di cloni che appiattiscono la creatività, con buona pace degli "intellettuali" che incessantemente celebrano il festival della canzone italiana come autentica cultura musical-popolare.

La musica – quando ancora sa essere tale - ritrova la stratificazione, la differenza, la complessità.

Ritrova il "differente" dal già sentito e lo rimette in campo.

E ci rammenta che la differenza esiste ed è molto semplice: una musica consente all'ascoltatore di sentire solo ciò che già conosce e gli è familiare, laddove l'altra musica obbliga l'ascoltatore a pensare e ricercare ciò che ascolta.

Che sia per questo che del festival di Sanremo parlano tutti, mentre dei dischi che ho ascoltato in questa settimana (sono pure questi musica italiana) non parla nessuno?

Ascolti citati:
Gigi Masin: Talk To The Sea (Music From Memory)
Stefano Guzzetti: At Home. Piano Book Vol.1 (Home Normal)
Fabrizio Paterlini: Now – The Art Of The Piano (Paterlini Music)
Mario Massa & Saffronkeira: Cause And Effect (Denovali)
Molven: Network (Laverna)

novembre 2013

Suggestioni Footwork

Premessa: *non sono un grande appassionato di musica dance, non lo sono mai stato, ma ho sempre seguito alcune parabole delle scene più underground, quelle che nascono in strada, attraverso le radio pirata, attraverso i desideri di cambiamento. Quindi non troverete esaustive mappe, ne approfondite analisi ma sensazioni e suggestioni ... poi se ci sono produttori come Mike Paradinas, Mark Pritchard o Kode9 at the controls e label come Planet Mu, Warp o Hyperdub a produrre la mia curiosità si accende inevitabilmente.*

Il Footwork è stato il più chiacchierato genere di musica dance d'avanguardia degli ultimi anni. La discussione su questo genere musicale si è incentrata su una contraddizione: il fatto che il footwork è da molti dichiarato imballabile. Non è cosa nuova che un certo tipo di musica dance sia considerata imballabile. Era successo per esempi negli anni '90 con il cosiddetto drill'n'bass e non a caso uno dei più grandi di quel trend è oggi uno dei più grandi sostenitori e produttori del footwork: Mike Paradinas con la sua label Planet Mu.

Dove risiede la novità del Footwork allora?

In molti lo hanno paragonato alla Jungle che era in gran parte una conseguenza della diffusa disponibilità della tecnologia del campionamento digitale, che ha facilitato sia nuovi suoni che nuovi modi di trattamento del suono (il breakbeat, i tempi spezzati, le voci campionate) e rompeva attraverso una psichedelia ritmica, composta da spirali e vortici di suoni, le meccaniche rigide della techno. La Jungle era questa rottura ma era anche buia, umida, viscosa e avvolgente.

E 'qui che il contrasto con il Footwork diventa evidente. Per coloro che si sono formati con la jungle negli anni novanta, il footwork può inizialmente sembrare infatti essiccato di quell'elemento grasso, melmoso essenziale per la jungle, come per lo UK garage e il dubstep : il suono dei bassi. Qui il suono del basso invece di funzionare come un elemento liquido scuro e ribollente, diventa una serie di coltellate e colpi che aumenta e diminuisce la tensione, senza mai lasciarlo affondare.

Un'altra differenza con la jungle e in generale con le tendenze delle nuove musiche che utilizzano le sempre più sofisticate tecnologie digitali per levigare alcune delle linee più aspre che erano caratteristiche della computer music degli albori, è che il Footwork ha invece deliberatamente optato per ampliarne la spigolosità.

Il Footwork è come fissare una GIF animata che coglie con estrema precisione le ripetizioni a scatti. Le GIF animate e il Footwork hanno in comune la critica dell'estetica dominante della cultura digitale ovvero il rifiuto delle false promesse del capitalismo comunicativo che predica il fluire delle informazioni su un spazio perfettamente liscio. Se gli anni novanta sono stati definiti dal loop (l'infinito breakbeat perfettamente in loop, come nel Goldie di Timeless) ora il Footwork con la sua balbuzia, i suoi tempi frustrati rappresenta la inquietante paura di essere catturato nel fluire del tempo-trappola.

Quella frustrazione può suonare come una selva impenetrabile di ritmi, fatta di spasmi e insidie, ma dove la voce, sembra spesso stranamente dolce e malinconica. Le voci, il modo in cui sono fatte a balbettare sembrano il sintomo della fragilità della psicosfera nel tempo della sovra stimolazione semiotica. E' lo stesso tipo di tristezza spersonalizzata che potremmo sentire se siamo capitati su foto Instagram pubblicate da una persona sconosciuta, e di cui non ricordiamo niente. Il modo in cui le voci sono fatte ripetere e balbettare riflette la tristezza di riconoscere un soggetto parlante (noi stessi) nella morsa di automatismi fuori dal nostro controllo, del fluire algoritmo della rete.

Il Footwork indaga i vicoli ciechi della nostra condizione del 21° secolo con una precisione e una compassione che pochi altri generi possono vantare, ma ancora più importante, egli suggerisce che, esistono vie di fuga e che potremmo ancora essere liberi di ballare, ma fuori dal tempo-trappola della competizione.

novembre 2013
Ascoltare con gli occhi

Leggo su Repubblica: *"Instagram, le immagini sostituiranno le parole"*.

E penso: E' probabile, immagini perfette, ritoccate con Photoshop al posto giusto, pose da Vip postate da star e da perfetti sconosciuti., tramonti, paesaggi, animali domestici e oggetti levigati e lisci invadono già la rete. E' la democrazia dell'estetica digitale. Mah, sarà, però a me provoca una certa inquietudine.

Qualche anno fa la pubblicità di una nota casa automobilistica diceva più o meno così:

"Cosa c'è di meglio che amare i propri piccoli difetti?" Risposta lapidaria: *"Non averne nessuno"*.

Il linguaggio pubblicitario può celebrare la perfezione di sé e dei suoi prodotti senza paura di smentita. Non teme obiezioni: agisce a senso unico, è autoritario non prevede contraddizioni.

Ma non è il linguaggio pubblicitario che mi interessa qui, ma il culto della perfezione che un simile slogan esprime e che viene propagato anche in rete e nei social network. E mi stupisce che tale presunta perfezione possa essere spacciata come segno di valore, come qualità invidiabile.

Poi mi chiedo se questa assenza di difetti venga ricercata anche in musica. Del resto coloro pubblicano le loro ritoccate e perfette foto e che hanno il maggior numero di follower sono le star musicali, e questo nonostante le immagini di Instagram non abbiano suono, nemmeno quello delle dita su una tastiera.

Ormai sempre più spesso ci capita di ascoltare e vedere, in esibizioni televisive e non, performance di cantanti perfetti/e che rifanno vecchie hit, cover-musici che migliorano tecnicamente l'originale. Usano la musica come un programma di fotoritocco.

Attenzione non parlo solo i talent show dove le fredde pianificazioni commerciali sono evidenti, ma anche del locale sotto casa, del club "alternativo" dove si preferisce l'asettica perfezione di una cover band (sembrano gli originali, anzi forse meglio, si dice) all'espressione vitale ma rischiosa di nuove sonorità. Saranno perfetti, non c'è che dire, ma anche equivalenti, sostituibili. In una parola sono superflui.

A me invece continuano a piacere soprattutto le musiche che mostrano le crepe, che scavano in profondo, che esibiscono le loro mancanze.

Suoni oscuri e introspettivi, suoni sintomo di conflitti irrisolti con il mondo e con sé stessi.

Ecco che l'imperfezione diventa plusvalore, tensione, ricerca, trascendenza, rivolta.

Qualche anno fa la glitch music usava l'errore digitale come parte integrante delle composizioni.

E' interessante notare come in ambito underground il rumore e l'imperfezione, un tempo osteggiato e vilipeso e considerato vera e propria anti-musica, sia diventato dopo la glitch music importante anche nella musica modern classic, sia adottato dagli sperimentatori legati all'elettronica, da qui sia transitato via via verso le nuove sonorità quali la post dubstep, il future garage, la witch house fino all'ambient music.

La precarietà del reale è infatti difficilmente rappresentabile nello spazio liscio e liquido della rete e nonostante il successo di social come Instagram se non emerge pure lì il marciume digitale, i rumori metropolitani, i frammenti della vocalità meticcia questi diventano pellicola insensibile.

Lo scambio simbolico avviene spesso senza empatia. Per interfacciarsi in connessione occorre perfetta compatibilità e spesso non viene tollerata l'imperfezione della presenza in carne e ossa.

Lo scambio empatico richiede tempo e sensibilità e soprattutto ascolto sotto la superficie dell'astratta perfezione di un algoritmo matematico.

Ecco perché per ridare calore e empatia al suono è forse il caso di ricercare la "difficile", complicata, malinconoiosa musica che da sempre racconta le inquietudini del presente ma che sa contemporaneamente riattivare passioni mai sopite.

Magari usando gli occhi e le orecchie per guardare e sentire dentro il mistero dell'imperfetta complessità della vita.

novembre 2013

Il suono dei senza futuro

La musica elettronica è stata sempre attratta dall'idea di "futuribile" e questo ha permeato le scene che si sono succedute come in un terreno di avanzamento progressivo dove le "macchine " per produrre musica si evolvevano con il progredire tecnologico.

Negli anni '70, 'futuristico' significava sintetizzatori. Negli anni '80, significava sequencer e cut & past. Negli anni '90, significava i suoni digitali astratti prodotti da software sempre più sofisticati. In ognuno di questi casi, c'era la sensazione che saremo entrati in un suono completamente diverso da tutto ciò che avevamo in precedenza sperimentato. Oggi se 'futuristico' ha ancora un significato, è diventato sinonimo di uno stile formattato, un po' come dire 'gotico' nel font di scrittura. 'Futuristico' significa semplicemente qualcosa di elettronico.

L'elettronica che fino agli anni 90 si poteva definire per quanto detto qui sopra detto futuristica, oggi sembra voler rappresentare il fallimento del futuro. Questo sentimento di lutto per il futuro perduto con i dischi di Burial è diventato esplicito. Dentro il suono "burialiano" si ha una sensazione di abbandono e spettralità, il futuro perduto infesta il presente morto, e questa percezione ha influenzato molto del suono attuale. L'etichetta hyperdub, la stessa che ha prodotto i dischi di Burial, è guidata da Kode 9 che a sua volta ha intitolato il suo disco d'esordio programmaticamente "Memories of the future", per non parlare dell' approccio ancor più diretto di un altro artista tra i più interessanti in circolazione : Zomby che domanda in un suo brano "Dove eravate nel 92?".

Non si tratta solo di nostalgia per il passato - gli anni '90 sono stati probabilmente la fine di un processo che ha avuto inizio con il rapido sviluppo del settore della registrazione dopo la seconda guerra mondiale- ma soprattutto di un sentore. Marshall McLuhan definisce, nel suo libro "Gli strumenti del comunicare", gli artisti come radar che hanno la capacità di percepire a distanza, cioè di anticipare mutamenti che si stanno preparando nell'immaginario collettivo.

Ultimamente l'emozione che suscitano molti dei suoni che amo derivano dalla percezione di un lato oscuro, di un lato apocalittico, che si può leggere come decadente cinismo o come sperimentazione di stati mentali disponibili a vivere senza l'orizzonte del futuro. Io propendo per la seconda opzione.

La generazione del precariato è la prima che vede il futuro come una minaccia, e forse quello che a noi pare un appiattimento è invece il lento formarsi di un'altra percezione del tempo, una percezione combinatoria e non lineare. Forse il suono sta diventando capace di concepire contemporaneamente diversi piani dell'esperienza, passata, presente e futura e di convivere con apparati tecnologici ipercomplessi e iperveloci, insomma di avere una percezione non storica della temporalità.

Forse la mancanza di futuro ha attivato pratiche sperimentali per cercare di sovvertire il ritmo forsennato della socializzazione digitale, sempre propensa all'infinita crescita e velocizzazione delle informazioni, anche musicali.

Nell'allungamento e appesantimento dei bassi, nei ritmi interrotti, nei cripetii dei residui elettronici, nelle interferenze digitali, nelle voci frammentate che sembrano venire dall'orlo dell'abisso c'è tutta la sofferenza e lo spaesamento di una generazione, ma c'è anche e soprattutto il desiderio di sottrazione ed autonomia dall'ipersfruttamento della precarietà.

aprile 2013
L'evanescenza vocale
Il venir mano del corpo nell'immateriale sonoro

La musica che amiamo da sempre è esplorazione di mondi sconosciuti, una cosa erotica, emozionale, fatta di disagio e riscatto, di introspezione e voglia di incidere sulla realtà, di mistero e messa a nudo.

Ora, nell'epoca dei talent show e delle cover band, dove non si esplora più altri mondi, dove non ci si guarda più dentro né si interpreta la realtà, ma si pesca all'infinito nel passato, e spesso non nel migliore, come può mantenersi viva la musica?

La digitalizzazione ha messo a disposizione l'intero archivio della musica registrata e oggi sembra basti reinterpretare l'esistente in un karaoke senza fine.

Questa immensa disponibilità di dati sonori, questa riverenza verso la tecnologia, la percezione di non essere all'altezza di un passato interamente consultabile (si trova sempre qualcuno che ha fatto di meglio) tende a far sparire il lato fisico del suonare: quella commossa, agitata, sensuale, emotiva imperfezione dell'atto umano.

A questa inadeguatezza del corpo umano di fronte alla perfezione e illimitatezza digitale si reagisce con l'esaltazione della parte meno emulabile e più corporea: la voce. Ecco il proliferare di concorsi canori in ogni luogo, dalla televisione al bar sotto casa, dove la musica viene messa in secondo piano se non ignorata, mettendo in primo piano l'esibizione del proprio corpo attraverso il canto.

Questo il lato "mainstream", e per quanto riguarda "l'alternativo"?

Da anni le nuove tecnologie sono al centro della ricerca musicale, e la musica elettronica è senz'altro la parte più innovativa del suono attuale e quella che più ha indagato il rapporto con la virtualità cercando di innestare il corpo e l'anima nel suono digitale, di dargli "heart and soul".

Ma oggi l'underground sonoro come reagisce a questa tendenziale risoluzione del corporeo nell'immateriale?

Ancora una volta reagisce leggendo il paradosso, facendosene carico, facendo emergere la contraddizione. Usando, per esempio, la voce come l'insopprimibile ambivalenza umana, cioè la sua inevitabile residualità assieme alla resistenza alla sua tendenziale sparizione.

Una cosa che mi sembra identificativa e modellativa di questo momento musicale, sono infatti le sperimentazioni con la voce, le varie forme di testurizzazione digitale della voce come l'Autotune, la frammentazione dei vocals, il micro-editing dei sample vocali e la creazione di nuovi pattern.

Queste voci frammentante possono essere evanescenti, spettrali o angeliche ma mostrano la fenomenologia del venir meno corporeo, del suo con-fondersi con l'infinito fluire digitale. Questa è una tendenza che da tempo emerge nel panorama musicale attualmente più interessante come il post dubstep, la witch, il wonky, la future garage, l'hauntology... ma oramai ha influenzato anche l'elettronica più hype .

La registrazione dei rumori della metropoli e della pioggia sull'asfalto sembrano lacrime dell'anima, sepolte nel terreno precario dei profondi e vibranti bassi che fanno da sfondo a frantumati ed angelici campionamenti vocali che s'innalzano come un'espressione di ciò che resta di corporeo nell' immateriale ed infinito oceano sonoro attuale.

Questa mi sembra oggi la parte più viva e rappresentativa della mutazione in atto, la romantica resistenza di una musica che sa ancora, nonostante la totale dispersività della rete, restarti tatuata nel corpo e nell'anima.

Ottobre 2015

Racconti e suoni della catastrofe

...paure, climate change, visioni Ballardiane, immaginari suonati

Sempre più spesso ho la sensazione che molte vite siano dominate dalla paura. E siccome le paure sono come le ciliegie, che una tira l'altra, basta mettere in giro delle leggende metropolitane o come si dice adesso delle "bufale" e il gioco è fatto. Insomma in rete e al bar, nel posto di lavoro e nell' attesa dell'uscita del figlio da scuola i discorsi sono dominati dalla paura.

Che certe forze politiche, di destra ma non solo, facciano della paura il loro argomento principale è cosa nota. E' paura del divenire e del dissolversi che il divenire porta con sé. Sicurezza è la parola chiave della destra perché è segno della paura: paura dell'inevitabile, cioè del venir meno, del confondersi e del morire.

Chi è saggio si libera dal bisogno di sicurezza perché la sicurezza non esiste, se non nel suo significato di assenza di paura (sine cura), cioè come libertà dall'ansia securitaria. L' ansia securitaria è il miglior modo per aumentare l'insicurezza e l'unica sicurezza consiste nel non aver paura del possibile, nel non temere l'inevitabile.

Ma il motivo della paura ai giorni nostri non è stupido. E' un motivo profondo che spesso non vediamo perché lo rimuoviamo e lo rimuoviamo perché ci mette in discussione. Cerchiamo di non vedere che la causa vera della paura è un progressivo dispiegarsi di una catastrofe che sta investendo la vita terrestre. Cerchiamo di non vedere gli effetti di uno stile di vita che ci ha avvelenato cuore e mente oltre che la terra, l'acqua e l'aria.

La catastrofe e le paure che spesso indirizziamo verso chi è diverso e magari sta peggio di noi ha invece cause più profonde e dimensioni molto ampie: cambiamento climatico, inquinamento della biosfera e della infosfera dovuto al capitalismo spinto imposto alla nostra vita.

In letteratura e musica (e nelle arti in generale) c'è stato chi anche con largo anticipo ha indagato gli effetti della possibile catastrofe in atto: metamorfosi dell'ambiente naturale ed artificiale ma soprattutto mutazioni ed alterazioni intime dell'essere umano.

Ad esempio per gli appassionati del genere, James Ballard, prima di altri ha contribuito all'affermazione della fantascienza dello "spazio interiore". Tra il 1962 e il 1966 Ballard pubblica la rivoluzionaria trilogia della catastrofe destinata a fare di lui il punto di riferimento della così detta "fantascienza d'introspezione": Terra bruciata, Deserto d'acqua, Foresta di cristallo. Ripercorriamo quindi questi romanzi accompagnandoli con musiche ispirate dalle stesse tematiche e che, a mio avviso, ben rappresentano l'immaginario dei romanzi in questione:

Terra bruciata

indaga il processo di desertificazione del pianeta e gli effetti sulla psicologia umana. Un mondo dove gli oceani sono ricoperti da uno strato di liquidi oleosi causato dagli scarichi industriali e petroliferi che non permette l'evaporazione dell'acqua e quindi nemmeno la formazione delle nuvole e delle piogge. La mancanza d'acqua, la mente devastata dalla pazzia sono indagati in una storia di un viaggio nella catastrofe, direttamente giù nel deserto.

---> *Thin White Rope - "Down in the Desert"*

Deserto d'acqua

è lo scenario sempre più attuale di un mondo ormai sommerso. L'innalzamento delle temperature e lo scioglimento delle calotte polari hanno trasformato Londra in una laguna tropicale. E qui si danno battaglia visioni del mondo che la catastrofe stessa rende estreme e inconciliabili. C' è chi vuole restituire Londra all'antico splendore liberandola dalle acque, chi si sposta a nord come un profugo dei cambiamenti climatici e chi come il protagonista del romanzo va incontro all'unica soluzione dotata di senso in quel contesto: quella di accettare la nuova natura e sottoporsi alla mutazione, di viverla come una sorta di grado zero, di ritorno al grembo materno.

---> *The Cure - The drowning man*

Foresta di cristallo

anche qui a muovere gli avvenimenti è la catastrofe dovuta all'uso spericolato delle nuove tecnologie. Infatti a causa della produzione di antimateria alcune zone del pianeta vengono colpite da un processo di cristallizzazione che riduce tutto a lucenti forme diamantiformi. L'avanzata della foresta di cristallo altro non sarebbe che la progressiva estensione di un blocco temporale. Mentre il mondo assiste impotente alla catastrofe anche in questo caso c'è chi va incontro ad essa e ne viene attirato come da una sirena. Un viaggio verso l'annullamento e la cristallizzazione della psiche.

---> *Aphex Twin - Xtal*

Novembre 2015

Gilles Deleuze e la musica elettronica

a 20 anni dalla scomparsa, un ricordo di come ho conosciuto le sue opere: attraverso il suono

Il 4 novembre 1995, 20 anni fa, moriva a Parigi il filosofo francese Gilles Deleuze.

A me piace ricordarlo come ho conosciuto le sue opere: attraverso il suono.

Nel 1995 usciva uno dei dischi più sorprendenti che mi sia mai capitato di ascoltare ovvero "94Diskont" del progetto tedesco Oval. Costruito interamente danneggiando la superficie del CD, poi suonandolo ancora e campionando i rumori di fondo, i salti e i buchi digitali, possiede una musica evocativa e misteriosa. Gli Oval avevano inventato il "glitch" che tanto influenzerà l'elettronica negli anni a seguire.

Il suono combinato del malfunzionamento produce un senso di fluidità, come un flusso casuale associato ad un processo naturale che contiene una struttura senza intelligenza. Questo tipo di approccio "rizomatico", dove la creazione artistica prende forma come un seme piuttosto che da concetti lineari è stata teorizzata per primo da Gilles Deleuze assieme a Felix Guattari. Non a caso il disco usciva per un'etichetta che si chiamava "Mille Plateaux", nome chiaramente ripreso dall'opera omonima di da Gilles Deleuze e Felix Guattari. La stessa label nel 1996 fece uscire una compilation tributo al filosofo: "In memoriam of Gilles Deleuze".

Un altro progetto "deleuziano" era senz'altro Microstoria, collaborazione tra Markus Pop degli Oval e Jan Werner dei

Mouse on Mars che consisteva in una serie di indescrivibili ma altamente evocativi ronzii distorti – rumori di macchine che cerchiamo di evitare nella vita urbana di tutti i giorni. Mentre Pluramon prodotto da Markus Schmickler campionava e decostruiva registrazioni fatte da un gruppo rock fra i quali c'era Jaki Liebezeit, il batterista dei Can, storica band Krautrock degli anni 70.

La "Mille Plateaux" nel suo intero applicava una nuova democrazia del suono e della produzione. Contrariamente alla tradizione rock dove basso e batteria formano ossatura di base, le chitarre tagliano lo spazio e la voce si impone in primo piano nel mix, questo approccio attraverso l'editing digitale le tecnologie di campionamento, ecc. riorganizza questa struttura conformata sperimentando la promozione di piccoli dettagli in primo piano di mixaggio.

Insomma in parallelo con le teorie anti-capitaliste di Deleuze la "Mille Plateaux" amplificava il più possibile queste idee con la destabilizzazione del suono come ristrutturazione della società.

La musica elettronica, ma non solo, non è stata più la stessa dopo i lavori di questa label e sicuramente Deleuze ne sarebbe stato contento.

alcuni artisti che hanno inciso per "Mille Plateaux":

Kid 606, Oval, Gas (Wolfgang Voigt), Alva Noto (now Raster Noton), SND, Thomas Köhner, Frank Brettschneider (now 12k / raster noton), Rechenzentrum, Twerk, Ran Slavin, Tilmann Ehrhorn, Christian Vogel, Asmus Tietchens, Porter Ricks, Pluramon, Robert Babicz, Curd Duca, Thomas Heckmann,

Ekkehard Ehlers, Andreas Tilliander, Shuttle 358, Vladislav Delay, Donnacha Costello, Tim Hecker ...

Novembre 2015

La nebbia e Bersarin Quartett

Quando meteo e suono creano rarefatte atmosfere

Quanto mi piace il grigio, il grigio chiaro delle nebbie nella bassa bonifica, il grigio nebbioso non meglio definito, il grigio cielo d'inverno, il grigio delle lagune quello che qualcuno chiama verde e qualcuno grigio, quello che arriva e finalmente abbassa la temperatura d'estate, ... tanto quanto non posso sopportare il grigio smog, il grigio dei capannoni industriali il grigio delle stoffe dei vestiti di buona fattura, quelli portati da uomini solo chiacchere e brillantina, che chi li indossa diventa subito, inesorabilmente, un signore "per bene" o una signorina Rottermajer. Ma soprattutto odio quell'eminenza grigia che in nome del profitto giustifica sfruttamento estrae e espropria ricchezze dall'ambiente naturale e da quello cognitivo inquina l'aria e l'acqua e omologa le menti, manovra, impone, decide: in sostanza, fa danno a tutti a favore di pochi.

Insomma odio il grigio che sopprime l'immaginazione, amo il grigio che apre spazio all'immaginazione.

In questi giorni capita che la nebbia abbassi la visibilità e metta in moto la mia immaginazione adeguatamente alimentata da dischi come questo:

Thomas Bücker ritorna con il suo terzo album a nome Bersarin Quartett intitolato semplicemente "III", su Denovali Records. Proprio come i suoi due predecessori, III è romantico e commovente, malinconico al tempo stesso contemplativo ed emotivamente toccante, suono perfettamente adatto alle rarefatte atmosfere create dalla nebbia.

Novembre 2015

Mustang, Parigi e Il Teatro degli Orrori

Un film e le immagini dell'odierna resistenza

E' venerdì sera, scelgo di andare al cinema.

E' l'uscita serale dandy, radical chic: la rassegna cinematografica d'autore.

C'è un film turco: Mustang di Deniz Gamze Ergüven presentato quest'anno a Cannes e candidato a rappresentare la Francia agli Oscar come miglior film straniero. Racconta la storia di cinque giovani sorelle che lottano per la loro libertà contro un potere maschile e patriarcale soffocante.

Ottima occasione per capire qualcosa di più del continuo conflitto tra la componente conservatrice (oggi rappresentata da Erdogan) e il naturale bisogno di emancipazione e di libertà che in Turchia si è più volte espressa. Già dalla prima inquadratura (la sorella più piccola che saluta in lacrime la sua insegnante che si sta trasferendo ad Istanbul) entriamo in un mondo che si chiude progressivamente. Dallo spazio di libertà della spiaggia iniziale (sul mar Nero) , ai muri e alle inferriate della casa in cui vivono . Dai vestiti leggeri a quelli più pesanti e tradizionali (color merda e senza forme come li definisce la più piccola delle 5 sorelle). E' proprio la più piccola delle sorelle riesce ad amplificare tutti i residui di libertà (ad esempio nel convincere le sorelle a seguirla allo stadio per una partita di calcio) e ad alimentare la rabbia e l'istinto di libertà che tutte e cinque hanno dentro.

Ecco che la casa-prigione può trasformarsi in un fortino di difesa delle libertà. Mi viene naturale pensare alla resistenza delle donne curde di Kobane e al messaggio che da loro esce: non possiamo sottostare al terrore che un fascismo vuole imporre, a scapito della libertà, dell'indipendenza e dell'autonomia.

Dentro al cinema il pubblico è composto per il 90 per cento di donne (c'è la nazionale di calcio in tv) e non c'è il solito chiacchericcio di sottofondo, segno che il film ha colpito nel segno. E il segno è il sogno di libertà di queste cinque adolescenti. E' la spinta in avanti che danno per uscire dal medio-evo.

Ma appena si accendono le luci tutto cambia: dai telefoni arrivano le tragiche notizie da Parigi e gli sguardi sono attoniti e impauriti.

Il terrore fascista è tornato vicino a noi: occidentali, democratici. Noi che queste tragedie solitamente le viviamo solo da spettatori. Noi che giustamente piangiamo e ci emozioniamo per la strage di Parigi , ma che con facilità lasciamo scorrere notizie e immagini quando lo stesso terrore fascista si esercita in altre parti. Noi che tendiamo a rispondere al fascismo chiudendo progressivamente il nostro mondo non capendo che il mostro fa parte di noi.

Noi dovremmo fermarci e ascoltare chi scappa da morte certa, dovremmo guardare a chi combatte tutti i giorni i fascismi di ogni risma.

Noi forse qualcosa dovremmo imparare dalle giovani donne di Mustang o di Kobane perchè solo l'insopprimibile voglia di libertà e la lotta quotidiana per l'estensione dei diritti per tutti rende il fascismo della jihad impossibile.

Dicembre 2015
Una notte con Tom Waits
...storie di periferie, di solitudine ed esistenze randagie

> *"Dunque è stato l'alcool a spacciarlo?"*
> *"Proprio così. Cercava di annegare i suoi dispiaceri*
> *nell'alcool e questi devono aver imparato a nuotare"*
> *John Brummer*

Doveva essere molto tardi.

E' sempre molto tardi quando si vivono certe storie.

Los Angeles grande e luminosa come sempre, le grandi strade e tutto il resto, la miseria dei quartieri poveri, i messicani e le vie dei negozi che vendono vestiti da sposa.

In sottofondo una canzone romantica e struggente fin troppo sentimentale.

La musica esce da quel locale; ci entro e vedo un tipo al piano, la sua voce è come un pugno allo stomaco e le parole quasi masticate parlano di strane storie di strada e di vecchi amori.

Un bicchiere di bourbon è appoggiato sul pianoforte, le luci e il fumo intenso delle sigarette creano l'ambiente mentre la spogliarellista lavora sotto i riflettori.

Quella voce roca e sgraziata continua a cantare di falliti, alcolizzati, puttane, emarginati, barboni, gente che vive ai margini.

Le frasi sono flash visivi di vita suburbana, i personaggi sono illuminati da una luce al neon sperduti per i vicoli aspettando l'alba.

Dietro al piano c'è lui, Tom Waits proprio come nei suoi dischi, come nelle pellicole da lui interpretate. Lo stesso Waits che ci canta degli anni selvaggi di Frank (Frank's wild years) e dei suoi compagni notturni: i cani randagi (Rain dogs), lo stesso che interpreta un barbone all'ultimo stadio (Ironweed, Down by law).

E' proprio vero, a volte la discesa della puntina su un vecchio vinile fa incontrare strani personaggi. Questa notte è toccato a Waits l'affascinante reporter della Los Angeles notturna, un'altro figlio della strada che ci racconta storie di periferie, di solitudine ed esistenze randagie.

"Preferisco un fallimento alle mie condizioni, che il successo alle condizioni degli altri."

gennaio 2016
Il suono "redivivo"
"The Revenant" di Alva Noto & Ryuichi Sakamoto

"Mi piace il silenzio" dice Hugh Glass (Leonardo Di Caprio) ad un certo punto del film.

In effetti parla poco, molto poco.

Però "The Revenant" di Alejandro Inarritu è un film pieno di suoni anche se nella maggioranza dei casi non è parola parlata.

E' un altro linguaggio: è il linguaggio della natura o meglio dei toni e dei timbri della natura, compresa quella umana.

Accade che ogni cosa che emette un suono, ha un timbro unico o quasi, una voce che lo rende pressoché inconfondibile. Questi rumori dal timbro inconfondibile cambiano tono: dall'acqua prima placida e poi impetuosa, all'orsa affettuosa con i piccoli e poi imbestialita con l'uomo che li minaccia... ed infine l'interpretazione di Di Caprio: ogni rantolio, grugnito, sibilo, ogni urlo, che sia silenzioso o rumoroso trasuda rabbia e disperazione come non si è mai sentito prima.

La colonna sonora è composta da due maestri del timbro come Ryuichi Sakamoto e Alva Noto ed è perfettamente incastrata e mai prevaricante. Riesce ad amplificare le emozioni, le risonanze evocano gli spazi sconfinati del film e la contaminazione con la timbrica (raster)notoniana di Alva Noto la rende carica di tensione. Mi piacerebbe riascoltare il film senza immagini e sono sicuro che sarebbe emotivamente esplosivo.

Devo ammetterlo, è una mia deformazione, ma in questi casi ascolto e guardo come fosse più un'installazione che un film:

faccio attenzione alle immagini e ai suoni e molto meno al soggetto, alla trama, alla sceneggiatura ecc.. E qui sono immagini e suoni di una bellezza mozzafiato. Fare un film è sicuramente una cosa più complessa, ma per chi respira suono le aspettative non saranno deluse.

Da vedere e soprattutto da ascoltare.

Rumore bianco

Ovvero il rischio apatia nel flusso sonoro infinito

> *"E se la morte non fosse altro che suono?*
> *Rumore elettrico.*
> *Lo si sente sempre. Suono ovunque. Che cosa tremenda.*
> *Uniforme, bianco"*
> **da Rumore bianco di Don DeLillo**

...mi chiedo se serve tutto questo indaffararsi ad ascoltare miriadi di suoni, un'offerta talmente grande da rendere impossibile per chiunque orientarsi. Mi chiedo, se il rifugiarsi nel passato di molti, il ritornare a quei nomi che costituiscono una garanzia non sia diretta conseguenza di questo disorientamento. Mi chiedo a cosa serve questo saltare da un ascolto all'altro, questo naufragare alla deriva nell'oceano di suono senza avere mai il tempo di soffermarsi su niente. Me lo chiedo e lo chiedo a chi è più giovane di me: Tutto questo ha senso?

I brani che ascoltate in streaming o nelle playlist costruite per l'ascolto nell'ipod come li scegliete?

Sinceramente non l'ho ancora capito e non ho trovato qualcuno che mi abbia dato una risposta convincente.

Del resto in questo flusso sonoro infinito, si rischia l'apatia.

L'apatia verso il senso e di contro la dipendenza verso la connessione con la musica infinita.

La musica in sottofondo mentre si viaggia, mentre si lavora, mentre si fa sport e addirittura mentre si conversa con altri con un orecchio libero e uno con la cuffia collegata al dispositivo multimediale. Si sente moltissima musica ma non si ascolta veramente più niente. Dove per ascoltare intendo "dare attenzione".

Per chi, come il sottoscritto, da giovane ha consumato certi dischi a furia di ascolti, ne ha imparato a memoria i testi facendoli diventare stimolo di ricerca e di approfondimento, in una parola di crescita, è stata dura abituarsi alla digitalizzazione e alla musica infinita. Ma alla fine, si sa, il mondo cambia compreso quello musicale e così mi sono lasciato trasportare dolcemente da questo flusso continuo, anzi spesso sono entrato in piena sintonia con l'attuale oceano di suono scegliendo solamente le scie a me più congeniali.

.. poi d'improvviso quelle domande sono tornate a ronzare nella mia mente. Il motivo?

E' molto semplice: in questo periodo ho ripreso in mano un libro letto molti anni fa: Rumore bianco di Don DeLillo che pur essendo una forma di espressione molto diversa dalla musica mi ha fatto rendere conto che negli ultimi anni non ricordo un solo disco (parlo di quella cosa che un tempo chiamavamo album) che mi abbia scosso, eccitato, depresso e turbato, e che abbia inciso sulla mia percezione del mondo e di me stesso e che abbia contribuito così in profondità alla mia cognizione dell'inquietudine e del dolore come ha fatto di recente questa rilettura.

E ora ho quasi paura del momento in cui sarò costretto a trarre le conseguenze che derivano da questa semplice e banale constatazione.

Aprile 2016

Mi inoltrai nella selva oscura dei Cure

... un concerto, una canzone e un racconto del 1985

Sono passati da poco 30 anni dalla prima volta che vidi i The Cure dal vivo.

Il ricordo si ravviva quando sistemando un vecchio scaffale da una scatola esce un biglietto di un concerto, due musicassette e un foglio con un racconto scritto da un allora teen ager che muoveva i primi passi nel suono.

Inserisco la cassetta nel vecchio mangianastri e ricordi si fanno più nitidi: lo vedo quell'uomo, era diverso da ogni altro. No, non per l'acconciatura dei capelli, né per il volto truccato, quell'uomo irradiava vibrazioni che alla giovane anima di un ragazzo conferivano il medesimo aspetto di morte, vita, gioia, dolore. All'epoca quelle canzoni erano la chiave per uscire dal mio perenne stato confusionale. Con quei sogni, quei drammi, quegli incubi, con quelle irrequietezze entravo in perfetta sintonia.

Ancora oggi riascoltando quel concerto trovo incredibile come i Cure riuscissero ad alternare acquerelli pop dai colori bizzarri a composizioni ad alta tensione emotiva. Ma quale era il vero Robert Smith, quello che proiettava l'ascoltatore in una dimensione opprimente o quello che con ritmi accattivanti esprimeva una contagiosa allegria?

Era probabilmente entrambe le cose, lo stesso uomo in preda a fantasmi e ossessioni che riusciva a uscirne di tanto in tanto acquisendo una purezza quasi fanciullesca in contrasto con l'inquietudine e la paranoia che per lunghi periodi sono state le sue uniche compagne.

Ho sempre preferito il Robert Smith più introspettivo e sofferente rispetto a quello più fanciullesco e bizzarro, ecco perché quando, in quella notte del 1985, iniziarono le note di "A forest" dopo una serie di brani più "poppy" mi scesero lacrime di commozione...

A questo punto apro il foglio per rileggere quel breve racconto ispirato da " A forest":

"Jack si alzò presto quella mattina, le goccioline di brina avvolgevano i contorni degli alberi ricoprendo la vegetazione di una brillantezza inconsueta.

Cominciò a muoversi piano piano come tutte le mattine per riprendere il possesso degli arti e gli alberi protesi verso il cielo grigio di quella foresta, l'unica miracolosamente intatta in tutto il mondo, sembravano condividere la sua tristezza.

Camminando e guardandosi attorno gli ritornarono in mente i versi di quella canzone mai dimenticata: *"Hear a voice, calling my name, the sound is deep, in the dark".*

Questa volta, però, il ricordo gli procurò una reazione diversa e cominciò a correre incontro alle sagome di quegli alberi fino a quando non sentì più quella voce che l'aveva illuso di aver trovato rimedio alla sua terribile solitudine. Poi comprese, si gettò a terra tra le foglie e pianse, pianse finché le tenebre non ricaddero su di lui e sulla foresta sempre più cupa e meravigliosa.

Allora Jack si alzò per contemplare la bellezza dello scenario rischiarato dalla luna.

< Dopo tutto era solo una canzone> disse tra sé e sé e riprese il suo cammino senza meta"

..l'esplorazione dentro quella foresta infinita chiamata "musica" continua... e continua ancora oggi ad essere la cura ed il nutrimento della mia anima

The Cure 1985
Scaletta del concerto di Padova 8 dicembre 1985

Intro:
The Glove - Relax

Mainset:
The Baby Screams, Play For Today, Kyoto Song, Primary, Secrets, The Blood, The Hanging Garden, A Night Like This, Inbetween Days, Let's Go To Bed, The Walk, Push, Screw, Give Me It, A Forest, Sinking,

E1: Six Different Ways, Close To Me,
E2: Charlotte Sometimes, Three Imaginary Boys, Boys Don't Cry,
E3: Cold, 10.15 Saturday Night, Killing An Arab, Forever

maggio 2016
Il ritornello al tempo dei social
#Hashtag: cancelletto aperto o chiuso?

Probabilmente non sono molto portato all'uso dei social network . Vado per intuizioni senza una vera "strategia". Più volte me lo hanno fatto notare i così detti addetti ai lavori, i tecnici del web marketing, i "business men". Altri mi hanno consigliato invece di non perderci molto tempo, di ignorare quell'ignorante mondo.

Ma sono curioso di natura e mi piace indagare mondi che non comprendo fino in fondo, anche quando ho la sensazione che non c'è niente da capire.

La musica è sempre stata la mia chiave per percepire mondi altri e quindi anche in questo caso guardo come usano i social i musicisti e i produttori di suono più giovani. Ultimamente ho notato un uso spregiudicato degli #hashtag.

"Hashtag" così viene così chiamato il ritornello al tempo dei social.

Cancelletto # a cui rimanere appesi nel fluire dei dati, a cui abboccare come pesci trascinati e intrappolati nella rete senza uscita.

La fine dei generi musicali come li avevamo conosciuti qualche decennio fa ovvero come deriva collettiva, come formazione della propria identità sono diventati tanti piccoli rivoli "hashstaggati" e privi di appeal. Come dice Simon Reynolds nel suo ultimo libro la musica è una fornitura continua, come l'elettricità o l'acqua.

L'appeal lo conserva solo chi ce l'ha dall'epoca precedente o chi appartiene al grande bastimento mainstream mentre chi è "alternativo" o "nuovo" si disperde e diventa naufrago nell'oceano di suono. E non gli resta che l'infinita deriva. Oppure c'è anche la strategia opposta: quella dell'isolazionismo "colto" che dietro una maschera diversissima nasconde la stessa pulsione sterminatrice di alterità. Che si offra al pubblico ciò che vuole o che ci si sottragga a tutti ad essere rimosso è sempre l'altro.

La musica che "vende" quella spinta dal grande flusso mediatico mainstream, quella che piace a tutti sembra dirci: siccome io so quello che vuoi, io sono te. Dunque se sei solo nel caos indecifrabile, non sei più tu che devi andare incontro a qualcosa di estraneo tentando di comprenderlo, ma è il prodotto a presentarsi come immediatamente comprensibile annullando con ciò la propria alterità.

Nella musica "colta" d'altro lato la dimensione dell'incontro è diventata quella del riscontro e invece di aprirsi alla dispersione nel suono odierno si chiude e sembra dirci: voi non siete all'altezza. Queste composizioni non ci interrogano più, ma semplicemente si interrogano. Insomma non ci coinvolgono e nemmeno ci sconvolgono.

Entrambi i mondi mi sembrano scorciatoie, semplificazioni della complessità sonora attuale.

Del resto quando l'oceano di suono si fa particolarmente burrascoso, quando ti senti perso nel suo caos, cerchi quegli approdi sonori che ti sembra possano farti ritrovare la strada.

Trovo naturale riprendere suoni che hanno fatto parte della tua formazione e che ti fanno rientrare in sintonia ma solo per riprendere poi la dolce e imprevedibile deriva nella musica infinita.

L'importante è non rimanere irrigiditi al passato o al già conosciuto, non essere escludenti, che i suoni non diventino ancore, ma siano semplici boe di segnalazione che ti aiutino a concatenare e riprendere il senso di godimento conoscitivo e il piacere della ricerca del nuovo.

L'Hashtag utilizzato nella musica a volte mi sembra una gabbia, ma oggi nell'infinità e nella dispersione sonora può divenire anche biforcazione, diserzione e se si ricombina con l'altro da sé può essere scoperta.

Ecco perché prediligo "la terra di mezzo" alternativa sia agli accademici del suono che all'impero massmediatico.

Ecco perché cerco di aprirmi vie di fuga dal già conosciuto, anche a rischio di disperdermi, sperando di incontrare altri naufraghi alla ricerca di nuovi mondi musicali a cui approdare.

#electronic #futuregarage #postdubstep #chillstep #chilltrap #triphop #ambient #atmospheric #dark #bass #deep #witch #postrock

Morte ai vecchi (Baldini & Castoldi)
note a margine del romanzo di Franco Berardi "Bifo" e Massimiliano Geraci

Alcune brevi note su "Morte ai vecchi", bellissimo libro che ho appena finito di leggere, non una recensione vera e propria ma solo alcune semplici sensazioni che ho raccolto durante la lettura.

Il libro è scritto a quattro mani dal filosofo e agitatore culturale nonché fondatore della mitica Radio Alice Franco Berardi "Bifo" e da Massimiliano Geraci esperto di cultura psichedelica e della rivista "Cyberzone".

Molto intrigante la scelta di indagare attraverso un romanzo la mutazione antropologica, psichica, in atto ovvero quei cambiamenti nella psiche delle prime generazioni che ricevono più informazioni da macchine che da altri esseri umani. Franco Berardi "Bifo" ha già trattato questi temi in molti saggi ma leggerli in un romanzo ha un sapore diverso.

Si racconta di ragazzi che uccidono anziani, e non si capisce se c'è una strategia o se sono indotti a farlo. Questo libro è stato concepito una decina di anni fa, ambientato in un futuro in cui nessuno va in pensione per partecipare fino alla fine ai processi produttivi, in cui la vita si è allungata grazie alla medicina e dove la tecnologia è pervasiva. Parallelamente c'è l'immissione nel mercato di un chip dermale " KapSoul" che ha effetti disastrosi in una situazione già esplosiva di risentimento generazionale.

Ma la prospettiva da cui vorrei guardare "Morte ai vecchi" è quella della mappa di riferimenti culturali, a volte nascosti o anche solo accennati nel campo che meglio conosco: quello della musica.

All'interno del romanzo troviamo più riferimenti al suono. Per esempio nella descrizione dell'odierno isolazionismo della così detta "bedroom generation", ovvero ragazzi che vivono nella loro camera iper connessa e che non hanno nessuna vita sociale "diretta" ma solo filtrata dai dispositivi digitali:

da pag. 39
Di Mel nessuna notizia, solo di tanto in tanto il bang di un videogioco e i singulti liquido metallici del carillon elettronico a frequenze variabili di "Chiastic slide" degli Autechre. Per il resto silenzio. Il ragazzo non emetteva suoni. Comunicava scrivendo messaggi ai suoi silenziosissimi sodali di enigmatiche avventure immateriali.

E' disagio tecnologico dal cuore umano, è sound computerizzato che cola sangue dai circuiti.

Nelle interferenze digitali, nei vocalizzi frammentati e riprocessati che sembrano venire dall'orlo dell'abisso presenti in molta musica attuale c'è tutta la sofferenza e lo spaesamento di una generazione, ma c'è anche e soprattutto il desiderio di sottrazione ed autonomia dall'ipersfruttamento della precarietà. Ecco che la rappresentazione del futuro precario di chi sembra non avere più un futuro avviene usando anche la musica:

da pag. 60
La sua colonna sonora era "Heil Xanax" dei Death in Vegas. Aveva lavorato per sei mesi in un fast food vicino alla stazione ferroviaria. Sul manuale del crew maneger c'è scritto che devi

sorridere altrimenti ti licenziano. Per sei mesi aveva lavorato là dentro come semplice crew, si dice così per intendere uno schiavo con il suo capellino e la camicia a strisce bianche e rosse che fornisce panini a clienti frettolosi.

Nel mondo del precariato e della solitudine delle menti iperconnesse, nel flusso perfetto della rete l'unica alterità diventa l'errore digitale, il system error, il saper disconnettersi.

Da pag. 247
...un plateaux sul quale rimase in volo (un tappeto magico dell'orrore) per le successive venti ore. Colonna sonora: "Wohnton" degli Oval. Era stata Federica a fargli conoscere la musica glitch il cui principio compositivo è l'errore, l'increspatura nell' oceano della digitale perfezione. " E' l'errore che guida l'evoluzione. Dio è l'errore!" gli aveva detto, come se avesse intuito con chi stava parlando.

Gli scienziati sociali della Inside e il creatore stesso di KapSoul non hanno capito che senza emozione non c'è relazione e che la relazione può creare l'imprevisto, l'errore non calcolato. Quando si disconnette la mente dal cuore e dal corpo, be' non può esserci emozione... e si muore, vecchi o giovani che si sia.

Quelli elencati qui sono solo alcuni esempi dove si è usata la musica nello sviluppo di una storia avvincente e visionaria ma nel romanzo si trovano riferimenti culturali anche in altri campi come cinema, filosofia, letteratura...insomma una lettura che consiglio caldamente.

Alcune domande mi sorgono spontanee dopo la lettura di un romanzo con così tanti spunti sonori:

Ora che l'anima e la mente è sempre connessa e messa al lavoro è possibile quella sottrazione che la "nostra" musica ci ha sempre permesso?

Ora che siamo sommersi di suoni, spersi nell'oceano di dati che ogni giorno ci attraversano è possibile trovare il buon rifugio dove rilassare il corpo, è possibile la fuga dal mondo cellularizzato e connesso 24 ore su 24, è possibile riattivare il sensibile e l'empatia?

La musica può essere ancora diserzione critica o anche solo semplice sottrazione, disconnessione?

Per me ancora lo è ma forse sono "old style", in altre parole vecchio.

Luglio 2016

L'Icona Arthur Rimbaud

anche un'immagine può diventare poesia

Mi arriva notizia che verso fine estate, la Ronzani editore pubblicherà la revisione di alcune poesie di Arthur Rimbaud. Il post mi arriva accompagnato dall'immagine più celebre che lo ritrae.

La celeberrima foto di Carjat. "La sua bellezza sta negli occhi" disse Delahaye "di un azzurro pallido irradiato di un azzurro scuro – i più belli che abbia mai visto – con un'espressione di coraggio pronta a qualsiasi sacrificio quando era serio, di una dolcezza infantile, squisita quando rideva, e quasi sempre di una profondità e di una tenerezza stupefacenti".

Quell'immagine che divenne icona di una vita intensa e sregolata, come quella di un rocker ante litteram che ispirò fortemente diversi musicisti "rock".

Un'immagine che ha accompagnato la mia giovinezza. Una foto e una spilletta che comprai a Parigi nel mio primo viaggio autonomo, che addobbarono per anni la mia camera e le mie giacche.

Ma pensandoci la ricordo anche in alcune copertine di dischi della mia collezione, così comincio la ricerca nel mio archivio vinilico. Il primo disco ispirato da una foto del giovane Rimbaud che mi viene in mente è della poetessa rock per eccellenza

"Lui era dannatamente giovane" Patty Smith

la canzone "Easter" di Patty Smith fu ispirata da una foto che ritraeva il giovane Rimbaud e il fratello Frederic negli abiti della prima comunione e immagina che il poeta bambino in processione con i coetanei verso la chiesa ad un tratto rompa le righe e conduca i suoi compagni a correre sui prati e verso le acque chiare del fiume. Patty era invaghita dall'immagine del giovane poeta, dalla sua irrequietezza e dall'indole libertaria e anti-borghese. Del resto fin da piccolo aveva rifiutato la severa educazione della madre tentando più volte la fuga dalla nativa Charleville verso Parigi. Partecipando, più idealmente che sulle barricate, all'avventura rivoluzionaria della comune parigina.

Il giovane e spavaldo Rimbaud che simpatizzava con la classe operaia ma al tempo stesso rifuggiva ogni tipo di lavoro "normale", la sua irriverenza nei confronti delle convenzioni nonché la sua blasfemia religiosa lo fece divenire la romantica icona del decadentismo musicale Dark.

Ecco che la sua immagine compare nel disco d'esordio del principale gruppo italiano del genere: Diaframma - Pioggia

"dopo Rimbaud" sentenzia Jean Cocteau "il poeta invece di appagare terrorizza"

quindi inutile cercare la sua eredità nel tranquillo fluire del già conosciuto, meglio cercare nell'innovativa sperimentazione in bilico fra urbanesimo deragliante e primitivismo spontaneo dei Rip Rig & Panic. Infatti nel loro disco "I'm cold" ricompare in copertina la famosa immagine di Rimbaud disegnata da Pablo Picasso

Sahara Blue (Made To Measure, 1992) è un omaggio al poeta Rimbaud, diretto da Hector Zazou ma affidato a molti nomi illustri (John Cale, David Sylvian, Keith Leblanc, Malka Spigel, Lisa Gerrard, Gerard Depardieu, Anneli Drecker, Ryuichi Sakamoto, Samy Birnbach, Sussan Deihim...), e l'immagine del poeta rimane assieme alla sua poesia essenziale ispirazione per tutti gli artisti coinvolti da Hector Zazou nel progetto.

Una fotografia che rappresenta quel "per sempre giovane", quella vita intensa, breve, romantica, eccitante e sventurata. Come quella di tante rockstar....e se vi ha colpito l'immagine vi invito a scoprire la sua poesia che resta al di là del tempo e dello spazio...

Dicembre 2016

Dubstep, Burial e altre alchimie sonore
Un libro di Giuliano Delli Paoli (crac edizioni)

Guardate con attenzione la copertina di questo libro. Un'ombra si proietta sulla metropoli.

Un'immagine scelta, o almeno a me così è sembrato, perchè esprime un "mood". Un modo di essere dettato dall'ascolto di sonorità cosiddette "introspettive", quelle che invitano a guardarti dentro. All'introspettivo capita spesso di avere visioni totalmente inaspettate di se stesso che gli vien da pensare: "non sono io, deve essere la mia ombra".

Convivere con le mie ombre è una delle cose che questo suono mi ha insegnato. Ho sempre prediletto la musica intimista e il dubstep soprattutto quello "buraliano" è stata l'ultima di queste passioni sonore. Prima di queste sonorità molte altre mi avevano insegnato l'introspezione: la dark wave, il trip hop, il post rock/ shoegaze, l' elettronica d'ascolto (idm e ambient), downtempo...ora il post dubstep ha ereditato qualcosa da ognuna di esse, ha comunicato e comunica vuoto e malessere, freddezza e bisogno d'umano, frigidità e sensualità da una nuova e più attuale prospettiva.

L'allungamento dei bassi è il faro di segnalazione ma tutto intorno traballano un mare di rumori e silenzi, di voci fantasmatiche e tastiere oniriche, di echi melodici e ritmi lenti e asincroni, come fossimo a bagno nel liquido amniotico che ci nutre delle inquietudini di questo nuovo millenio. E proprio questa capacità di assorbire ogni luce e restituire solo ombre che da subito mi ha attratto. Le ombre dello sfruttamento precario, della miseria crescente (materiale e umana), dell'incertezza di un futuro, messe in musica.

Il dubstep sembra quindi più un mood, un umore che uno stile musicale. Un sentire nato a Londra e in Inghilterra ma oramai diventato mondiale. Un virus che ha intaccato ogni genere underground e non solo.

Dopo oltre quindici anni dalla nascita del dubstep ancora mancava (almeno in Italia) un indagine su questi suoni. Mancanza colmata da questa pubblicazione della Crac edizioni.

Un libro che ripercorre le origini e le mutazioni di questo fenomeno musicale, indispensabile per capire l'essenza di un mood che continua ad evolversi in mille rivoli sonori.

Resta un'interrogativo: cosa vede quell'ombra che si stende nella metropoli, o meglio che si stende nella rete globale odierna. Cosa la fa allungare come i bassi che l'accomapagnano. Lo scopriremo aiutati da questo "Dubstep. Burial e altre alchimie sonore" di Giuliano Delli Paoli. Lo scopriremo continuando ad ascoltare questi suoni.

Buona lettura quindi e buon ascolto!

Agosto 2016
Esistono ancora dischi da isola deserta?
5 album per il gioco dell'eterno ritorno di ricordi sonori

Quest'estate mi ritrovo a leggere sempre più spesso di vecchi dischi.

Sarà l'età (non credo) o la ricerca di approdi (probabile) dopo anni di deriva nel mare magnum delle nuove sonorità.

Ed alcune domande sorgono spontanee: è proprio vero che non escono più i dischi che ti cambiano la vita, quelli che dividono l'esistenza in un prima e un dopo? Oppure più semplicemente non esiste più il prima e il dopo?

La musica degli ultimi anni è stata semplicemente il prodotto perfetto di un mondo che non è più capace di riprodursi, ma solo di autoclonarsi?

In effetti si ha la sensazione che non sia più in grado di rigenerarsi, ma solo di espandersi istericamente e in modo incontrollato sembrando alla fine appiattita.

O forse quello che a noi sembra pare un appiattimento è invece il lento formarsi di un'altra percezione del tempo, una percezione combinatoria e non lineare. Forse il suono sta diventando capace di concepire contemporaneamente diversi piani dell'esperienza, passata, presente e futura e di convivere con apparati tecnologici ipercomplessi e iperveloci, insomma di avere una percezione non storica della temporalità.

Da capire semmai se questo esclude che le alte maree della musica ancora lascino nella spiaggia oggetti e ricordi da custodire gelosamente. Se surfare trasportati dall'oceano di suono attuale ci impedisce di scendere da quel surf per vedere cosa resta nella spiaggia.

Insomma se si possano trovare ancora dei suoni da portare nell'eventuale isola deserta.

Giocando all'eterno ritorno della musica ho scelto 5 album tra le migliaia che riempiono le pareti della mia discografia dividendoli per decenni. Un gioco che ha escluso l'ultimo decennio per il rischio annegamento nella liquidità di file sonori che riempiono i miei hard disks.

E la domanda resta senza risposta:

Esistono ancora i dischi da isola deserta?

5 album per il gioco dell'eterno ritorno di ricordi sonori:
'60 - Nick Drake: Five Leaves Left
'70 - Joy Division: Unknown Pleasures
'80 - This Moral Coil: It'll End In Tears
'90 - Aphex Twin: Selected Ambient Works Volume II
'00 - Burial: Untrue

Live Report

Blixa Bargel e Teho Teardo + Rover live
Sexto'NPlugged 2013

- *"Ei diggei! Dai metti i rollinston! Quea che fa uh uh, uh*
  uh! Quea col cesso in copertina."
- *"No guarda, è un gran pezzo, ma stasera facciamo musica*
  elettronica."
- *"Va ben, ma posso vardar a valigia dei dischi? Quei bei i*
  riconosso daea copertina."

C'è stato un tempo (inizio anni 90) in cui mi capitava di organizzare delle serate di musica elettronica e puntualmente mentre facevo girare i dischi arrivava il "rockettaro" che voleva rovistare fra i tuoi vinili per vedere se trovava qualcosa attinente ai suoi gusti.

-"Scommetto che tira fuori il disco degli Einstürzende Neubauten col cavallo di Hans Baldung Grien" dicevo io. -"E dalla mia quello dei Meathead con la copertina di Professor Bad Trip" controbatteva Marco (il mio compagno di battaglia).

Difficilmente sbagliavamo, Blixa Bargeld e Teho Teardo e i rispettivi progetti erano figli della musica industriale e mettevano d'accordo i fautori dei nuovi suoni elettronici e vecchi rockettari. Oppure più probabilmente le loro copertine colpivano duro.

Questo per dire che questi due accompagnano i miei ascolti da molto tempo, quindi vederli suonare assieme è per me un evento molto speciale.

Ebbene sì, sono qui a Sesto al Reghena per vedere il concerto di Teho Teardo e Blixa Bargeld, ma ad aprire la serata c'è Rover, moniker di Timothée Régnier, in classico trio chitarra, basso, batteria. Rover entra in scena alle 21.20 e sembra fin dall'aspetto un uomo d'altri tempi con quell'aria da bohemien che racconta in musica parti del suo bagaglio di vita: di quando venne espulso dal Libano per problemi di visto durante un tour con i The New Government, band molto famosa in Medio Oriente e del suo ritorno forzato in Francia. Racconta del suo ritiro in Bretagna, nella sua casa dove passa il tempo a scrivere e comporre. Una "Vita da bohème" come quella dei personaggi del film di Aki Kaurismaki, anche la sua è una storia di un esiliato, spaesato in patria e che sogna un vagare per il mondo impregnato di quell'allegria da naufraghi che non esclude né dignità né tenerezza. Questi sentimenti sono espressi con una voce che è ora calda, ora grave ma capace di liberarsi nel cielo stellato accompagnata da un suono che ha reminiscenze di Bowie e Interpol. Un'ora di concerto di puro romanticismo rock.

Teho Teardo e Blixa Bargeld salgono sul palco alle 23 circa, accompagnati dal violoncello di Martina Bertoni, dando vita ad una performance di rara bellezza. Bargeld, è sicuramente il protagonista di questo concerto, la sua presenza è magnetica pur nei misurati gesti. Presenza imponente, da fuoriclasse, con l'elegante tocco del calice in mano ad ogni pausa. Teho Teardo però è molto più che la spalla, anzi si capisce chiaramente che è lui il regista del progetto. Martina Bertoni infine, puntuale e bravissima, è il giusto tocco di romantica melodia che ci vuole.

Viene ripercorso l'intero album "Still Smiling" con impressionante intensità che arriva al massimo con l'apporto di un quartetto d'archi nei pezzi finali della performance. Richiamati a gran voce dal numerosissimo pubblico ecco che arriva la sorpresa della serata: una magnifica cover di "Crimson And Clover" di

Tommy James and The Shondells, qui riproposto in realtà nella versione italiana di Patrick Samson, Soli si muore. Il concerto si chiude con Defenestrazioni. «Ho sempre voluto utilizzare questa parola», afferma Blixa, ed è il miglior finale immaginabile per l'edizione 2013 di Sexto 'nplugged.

- "Ei diggei! Dai metti "another brick in the wall". Quea col video dei martei che camina."
- "E basta casso, assame star che stasera vado a vedar Blixa a Sexto 'Nplugged!"

Mùm & Ane Brun live report
SexTo'NPlugged 2013

Venerdì 19 luglio nella piazza Castello di Sesto al Reghena, la cui bellezza viene presa in prestito ogni estate dal festival Sexto 'nplugged, puntuale alle 21,15 sale sul palco una donna che riesce con la sua sola presenza a far dimenticare tutto il cattivo gusto che invade l'immaginario gossipparo nostrano.

L'eleganza incantatrice di Ane Brun colpisce, la sua voce è straordinaria, non a caso è stata scelta da Peter Gabriel per i suoi tour (da sentire "Don't give me up" live dove interpreta la parte che fu di Kate Bush), la band è affiatata e supportata da una eccezionale sezione ritmica. Un'ora che vola tra canzoni più intimiste e altre più spensierate.

E' pop, ma di alta classe.

Dopo Ane Brun tocca agli islandesi, e quando si parla di musica islandese i primi nomi a venire in mente sono gli ovvi Sigur Rós e Björk, poi, in seconda battuta, i Mùm.

C'è stato un periodo dove anche i "waver" più duri e puri, si avvicinarono alla nuova elettronica attraverso la sua parte più dilatata e sognante, soprattutto quando prendeva spunto dal dream pop con la voce che disegnava panorami di sconfinata bellezza e malinconia.

Si parlava di folktronica e i Mum erano una delle punte di diamante della scena.

Era l'inizio degli anni "00" e nel tempo i nostri avrebbero perso per strada le due gemelline Valtýsdóttir. Fu veramente una brutta tegola per chi aveva amato quel cantato flebile e fanciullesco, ma ora che una delle due (Gyða) è tornata con quella voce infantile e sussurrata, i Mùm con i loro suoni tenui e rilassati, con i loro ritmi insinuanti, tornano ad incantare.

La scaletta ripercorre la carriera del gruppo con alcune nuove canzoni dall'album che uscirà in settembre, come Toothwheels dove Gyða improvvisa una narcolettica danza. Da segnalare, prima del bis, Gyða che dovendo prendere tempo per l'accordatura degli strumenti coinvolge il pubblico intonando "La casa" di Sergio Endrigo. Per entrare nella casa sonora Mùm, come in quella della canzone di Endrigo bisogna avere una certa confidenza con il mondo sognante di un fanciullo, solo così la mancanza del soffitto diventa occasione per volare.

Il concerto è stato come volare in quelle notti di una decina d'anni fa, passate ascoltando questi suoni. Certo è passato un po' di tempo, ma riviverle in questo straordinario luogo ed insieme a tante altre anime sensibili non ha prezzo.

Il Geyseir di suono dei Sigur Ròs
Jesolo 18 febbraio 2013

Descrivere un live dei Sigur Ròs, gruppo che si è creato un linguaggio tutto suo (la lingua vonlenska), con le parole è difficile, farlo nel classico modo parlando di tecnica o scaletta è inutile.

Perché è un puro incantesimo sonoro vissuto disco dopo disco che si materializza davanti a te come un paesaggio da fiaba

Entrano sul palco e inizia la magia, ogni istante sarebbe da immortalare, per il colore che prende il set, per il riflesso nascosto dal velo di nebbia artificiosamente creato, per l'impetuoso calore del Geyseir di suono che erutta ritmicamente e ogni volta ti toglie il fiato.

I Sigur Ròs sono un incanto, fatto di ghiaccio e fuoco, di folletti e spiriti che animano il suono, vero padrone che tutto irrora e riscalda.   L'attività vulcanica vince la gravità, t'ipnotizzano gli sbuffi sonori, ti abbandoni e ti immergi, e t'innalzi con loro.

Brividi ed emozioni si rincorrono mentre su quel velo di nebbia si piroettano colori e immagini e quando cade il tempo e lo spazio sono stati annullati e qualcosa è cambiato irrevocabilmente.

La scaletta alterna classici ed inediti, ma poco importa.

Ascoltare i Sigur Ròs significa viaggiare dentro sé stessi, essere disposti a ripercorrere il sentiero interiore ancestrale che si nutre di contraddizioni, che vive di isolamento e incanto.

Il crescendo finale è un invito ad arrendersi alla vitalità del selvaggio sentire, svuotarsi della razionalità e perdersi nella mutevolezza continua.

L'Orologio segna la fine del concerto dopo due ore esatte. Non è vero.

E' durato un'intera stagione sonora incantata.

Luglio 2012

Olafur Arnalds & My Brightest Diamond live
Sesto al Reghena 28 luglio 2012

Alle 21 scoppia un temporale estivo e mentre gli organizzatori prontamente coprono la strumentazione sul palco, l'aria rinfresca e ci prepara per un'altra boccata di ossigeno sonoro per i nostri neuroni.

La pioggia dura poco più di 10 minuti e appena smette "Brown and the Leaves" apre la serata. E' il progetto solista di Mattia Del Moro, nato e cresciuto a Tolmezzo, ai piedi delle Alpi Carniche.per l'occasione è accompagnato da Riccardo Di Vinci (contrabbasso) e Lucia Violetta Gasti (violino) ci presenta un saggio di pezzi che mi ricordano quell'anima senza impronte che è stato Nick Drake. Bravo.

Alle 22 è la volta della talentuosa My Brightest Diamond (Shara Worden) torna in Italia per presentare il nuovo "All Things Will Unwind", Per sexto'nplugged My Brightest Diamond ripropone il concerto realizzato al Lincoln Center di New York avvalendosi della collaborazione di un ensemble acustico "locale" diretto, nell'occasione, dal Maestro Giorgio Tortora e da un giovane batterista.

Shara sprizza energia e diverte con il suo pop cameristico orchestrale, usando strani strumenti e accompagnando il suo live con travestimenti e gag molto particolari.

Ma devo ammetterlo, io sono qui per Ólafur Arnalds.

"se c'è una cosa che mi manca è la mancanza" cit.

...nel sovraccarico sonoro del nostro tempo, la sottrazione dal rumore di fondo, la sottrazione all'uso sconsiderato di hard disk pieni di mp3, la sottrazione all'accelerazione dei flussi sonori è centrale per evitare la desensibilizzazione.

Da qui la ricerca del suono dove tutto si fa rallentato, dove i nostri sensi si dilatano, dove assaporare ancora distacco dal reale. La modern-classic è anche questo: Un rifugio sicuro dove distendersi e lasciarsi andare, seguendo le scie più dolci nel marasma sonoro.

Musica senz'altro più adatta all'intimo della propria stanza che ad un live show. Il live richiede qualcosa di più al pubblico: una devozione a questo suono dove si presuppone un assoluto silenzio e una profonda attitudine introspettiva. Pochi musicisti riescono ad ottenere questo, uno di questi è senz'altro Ólafur Arnalds, giovanissimo artista ma già affermato proveniente dalla glaciale e lontana Islanda.

Grazie alla perfetta unione tra musica e location, quello si Sexto Unplugged è stato un live commovente, con splendidi e struggenti brani dai nomi impronunciabili che regalano ai presenti momenti di rara bellezza, intrisi di poesia e solitudine come paesaggi innevati, o per restare in loco come paesaggi boschivi della pianura friulana.

Tra un pezzo e l'altro il giovane Olafur abbandona le vesti dell'artista malinconico per tornare uno scanzonato ventenne che intrattiene il pubblico con aneddoti e sagace umorismo, creando un spiazzante contrasto con la malinconia delle sue composizioni.

Il concerto è la sublimazione del bello e molto altro: un pianoforte-metronomo che scandisce i tempi un violino che scalda i nostri cuori, un violoncello contemplativo creano un'atmosfera sospesa nel silenzio e sembra davvero di essere "altrove".

Qualcuno durante l'esibizione ha lasciato il proprio posto a sedere, forse per l'ora tarda, forse per la mancata sintonia con un suono malinconico, a tratti triste e cupo, che richiede una simbiosi per sfociare in gioia dell'animo.

L' Islanda è la terra di artisti, inutile girarci intorno, affascinante ed evocativa e nell'ultimo periodo ha dato prova di essere capace di rivoluzioni non solo sonore, evitando l'austerity e debito finanziario. Investire in cultura è servito e serve eccome!!!

La musica di Olafur (e molto Iceland sound) rappresenta il suono un paese che incanta, ma non si lascia incantare.

Soap&Skin e Apparat live
Sesto al Reghena 21 luglio 2012

Nell'ultimo album "The Devil's walk" Apparat si è avvalso della collaborazione di Soap&Skin (che canta, per lui, il brano "Goodbye"): da qui l'idea di farli esibire nella stessa sera, per un'esclusiva a Sexto'NPlugged.

Apparat è senz'altro uno dei produttori più richiesti e trendy del momento, molto cercato anche nei giri "artistici" che contano, forse è per questo che c'è il pienone di pubblico, in numero superiore rispetto alle sedie messe a disposizione e rispetto alle scorse edizioni.

Ma la location (la splendida Abbazia di Sesto al Reghena), il pubblico sempre attento e la giovanissima compositrice austriaca, Soap&Skin ovvero Anja Plaschg con la sua atmosfera in bilico tra elettronica, cantautorato barocco ed atmosfere dark, fanno subito dimenticare gli hype, le new tendencies, i future sounds of...

Alle ore 21,45, non appena scende il buio, Anja sale sul palco dove ad aspettarla c'è il suo pianoforte e può avere inizio il suo incredibile concerto.

La timidezza di Anja non trattiene il tormento della sua anima e si scioglie nella carica impressionante sul pianoforte e nella sua voce inimitabile.

L'emozione è fortissima anche quando alla sua voce si accompagna quella della sorella e si alternano i pezzi tratti dai suoi due album: "Lovetune for Vacuum" e "Narow" eseguiti al pianoforte e accompagnati da basi controllate al laptop dalla stessa Anja.

Quando la sorella esce definitivamente dal palco, Anja lascia il pianoforte e scatena voce e corpo su basi che ricordano quel matrimonio tra umano e macchina, quel suono che ha dato il via a tutti i "suoni futuri" cioè l'industrial.

Momenti di pura estasi.

"Pale Blue Eyes" , dei Velvet Underground, è la cover che Anja decide di eseguire sul palco di Sesto al Reghena per chiudere il concerto.

E' impossibile restare impassibili a un così travolgente talento.

Alle 23,30 sale sul palco la Apparat band.

Apparat, come dicevo è produttore e dj molto trendy, ma l'ultimo album, il primo per Mute denota un nuovo stile ed un nuovo approccio, è lontano dalla techno e dalle estasi dance mentre trovano spazio le beatitudini dream-pop e l'ambient, un disco coraggioso che dal vivo si presenta in un live show completamente suonato nel senso più classico del termine.

Insomma i beat diventano beat-i e anche se ogni volta che questi accennano ai classici 4/4 techno si alzano urli di approvazione, vengono subito sopiti dal ritorno a sonorità più vicine ad in concerto shoegazing che ad uno techno-elettronico.

I brani sono principalmente tratti dall'ultimo disco ma anche dal precedente Walls del 2007 e i discreti beats elettronici si mescolano alla perfezione con il sound dei musicisti sul palco ed anche la voce dell'esile figura di Sacha Ring risulta perfetta per l'atmosfera creata.

Il suono urbano che ha fatto la fortuna della scena berlinese rivolge lo sguardo al naturalmente sognante e contemplativo suono islandese.

Gli orizzonti si allargano e sognare una metropolitana tra i vulcani innevati dell'Islanda è forse la migliore visione di futuro per la musica attuale.

Get Well Soon e The Divine Comedy
Sexto 'Nplugged 2011

...sento vibrare in me tutte le passioni d'un vascello che
dolora,
il vento gagliardo, la tempesta e i suoi moti convulsi
sull'immenso abisso mi cullano. Altre volte, piatta bonaccia,
grande specchio della mia disperazione!
Estratto da "la musica" di Charles Baudelaire

C'è chi ha passato buona parte dell'adolescenza a esternare i propri sentimenti nelle pagine di un diario, a riempirlo di citazioni poetiche dei maledetti, di foto ritagliate dei cantori della propria malinconia. E naturalmente ha cominciato a riempire di suoni struggenti la propria vita.

Per questo tipo di sensibilità, la serata di domenica 31 luglio al Sexto 'Nplugged era una tappa obbligata. Per la mia generazione quella sensibilità si chiamava "dark", ma andava ben oltre, anzi ripudiava i teschi, crocifissi esibiti, le nere pelli e i capelli arruffati.

Probabilmente, anche i due musicisti che si sono esibiti stasera hanno questo percorso in comune. Sia Neil Hannon, o meglio, Divine Comedy che Kostantin Gropper o meglio Get Will Soon si presentano come romantici introspettivi, che hanno scelto la via della musica e della poesia per curare la loro anima ferita. Ma sono troppo timidamente sinceri per mostrare sfacciatamente questa vocazione.

Inizia Get Will Soon dapprima solo con la chitarra, poi con una vera e propria band e ci ammalia con i pezzi dei suoi due album, ma soprattutto dell'ultimo "Vexations". Le coordinate sonore sono quelle del miglior Matt Elliott e dal vivo le sue songs diventano ancora più intense, tanto da sperare che l'augurio "Get Will Soon" del suo nome ovvero "guarisci presto" non s'avveri, e possa continuare a darci sofferte e intense canzoni come quelle che abbiamo sentito stasera.

Nonostante gran parte del pubblico sia qua per The Divine Comedy dopo un ' ora di concerto viene chiesto a gran voce il bis e Kostantin torna sul palco per altri due pezzi visibilmente emozionato per l'accoglienza.

Un' esibizione veramente sopra ogni aspettativa.

Tocca a The Divine Comedy e sul palco restano solo una chitarra e il pianoforte.

Neil Hannon arriva accompagnato da un lungo applauso di chi probabilmente è cresciuto facendosi illudere sull'amore da canzoni come le sue. E' solo ma con due calici in mano, uno con dell'acqua che puntualmente sputa e l'altro con del vino che beve con gusto, del resto siamo nel territorio del Lison- Pramaggiore ed è giusto rendere omaggio. Sembra piuttosto su di giri, ride e scherza e forse quei calici centrano qualcosa.

Si alterna tra chitarra e pianoforte e canta tutti gli anni passati a estraniarsi dalla realtà, attraversando la sua nutrita discografia, con un occhio di riguardo all'ultimo album 'Bang Goes the Knighthood' uscito lo scorso anno.

Il suo pop barocco risente della mancanza di un'orchestra, ma la cornice del festival è talmente evocativa che ci si lascia trasportare comunque dalle note di canzoni di un songwriter sempre ispirato.

Nonostante da tempo non frequenti questo genere di musiche, coinvolto in altri suoni che cercano nuove e meno frequentate tendenze, devo ammettere che queste canzoni si adattano perfettamente all'acustica perfetta, all'ambientazione meravigliosa di questo luogo senza tempo.

Luglio 2016
Alla ricerca di suoni adolescenziali
I Cani e Calcutta live a Azzano X (PN)

Adolescenziale.

Era da un po' che non usavo questo termine. Del resto non sono esattamente un ragazzino, però ho un figlio che tra qualche anno lo diventerà e forse per questo la parola mi è ricircolata in mente.

E con la parola ritornano i ricordi delle estati passate a raggiungere la spiaggia in bicicletta mentre i tuoi coetanei sfrecciavano con motorini elaborati oppure cercavano passaggi in auto per le nottate in discoteca.

Ma già allora mi sentivo "alternativo" e alla discoteca preferivo la nottata in riva al mare con gli Smiths in cuffia o in compagnia di altre "creature simili" al faro di Jesolo attorno ad una chitarra.

E lì, magari controvoglia, ti ritrovavi a cantare l'"Alba chiara" di un Vasco Rossi ancora giovane, aspettando che la notte finisse per ritornare verso casa.

Ma ora ritorniamo a noi ...

Cosa c'è di adolescenziale nella musica odierna? Quali canzoni "alternative" si possono suonare e cantare in riva al mare oggi?

Perché sarebbe anche ora che il cantautorato uscisse dal percorso obbligato delle canzoni del passato (Battisti, De Gregori, De André, ma anche Dalla, Gaetano, Vasco, Ligabue, chi volete voi – sempre gli stessi dagli anni '70, massimo '80); sarebbe ora che i teenager con la chitarra suonassero pure Le Luci Della Centrale Elettrica, I Cani, Dente, Brunori, Calcutta...

Ecco perché quando ho scoperto che a pochi km da casa la stessa sera I Cani e Calcutta suonavano alla "Fiera della musica" di Azzano X ho pensato ad un occasione da non perdere per far ascoltare qualcosa di diverso dagli imperanti Talent ad un futuro teen ager (mio figlio di 9 anni).

Per dargli l'occasione di identificarsi con una melodia, con una strofa, con un immaginario decisamente più incisivo e meno superficiale di chi vorrebbe descrivere una contemporaneità con canzoni che appartengono ad un'altra epoca o peggio ancora al circo mediatico degli "X Factor" et similia.

Calcutta sale sul palco con la penombra del tramonto e comincia a suonare con quella spaesata naturalezza di chi si domanda ancora che ci fa sopra un palco così e non nel cortile di casa di amici. Ma con disarmante e contagiosa semplicità e con le sue canzoni facili e dirette comincia da subito a far cantare tutti. Inizia con "Limonata" e "Frosinone" e poi via con i pezzi di "Mainstream" intermezzati da qualche brano dall'album precedente e c'è spazio anche per una nuova canzone. Si chiude con un bis di "Cosa mi manchi a fare" solo voce e chitarra.

Dopo questa serie di canzoni tanto fragili quanto efficaci, cambio palco e si parte con il set dei Cani. Niccolò Contessa è cresciuto molto e non racconta più le storie adolescenziali de "Il sorprendente album d'esordio dei Cani", le sue canzoni sono sicuramente diventate più ricercate e ricche di citazioni, in una parola più adulte.

Ma nello slogan ripetuto all'infinito "L'unica vera nostalgia che ho" tratto da "Corso Trieste" sembra rimpiangere una certa attitudine adolescenziale che comunque riemerge quando suona canzoni come "Velleità" o "Hipsteria". Il live show dei Cani è potente e coinvolgente anche quando diventano intimisti in canzoni come "Aurora" e "Il posto più freddo".

Una serie di scatti neorealisti, di fotogrammi di una generazione precaria e spaesata che ha trovato in queste canzoni la possibilità di cantare, ballare, sentirsi tutti uguali ma non omologati. Ben venga!

I Marlene Kuntz chiudono la serata e quando salgono sul palco mia moglie mi dice: "Questi sono musicisti di classe!". "Certo" - rispondo - "ma siamo venuti qui alla ricerca di suoni adolescenziali e non per ritrovare la nostra "gioventù sonica".

Agosto 2016
"Viaggio al termine della notte"
Teho Teardo e Elio Germano rileggono Céline

A volte mi dispiace e all'epoca dei "mi piace" non è bello. Mi dispiace perché sembra che oggi molti parlino con la pancia ed alla pancia. La comunicazione al tempo dei social è rancorosa invettiva e moltissimi post e commenti sono improntati al lamento, all'accusa e al vittimismo. Si bevono e si mangiano qualsiasi "bufala" pur di inveire contro il diverso da sé. A tal punto da essere usciti dalla vita e per la vita. La digestione di tutto ciò è un atto complicato che li assorbe in tutto e per tutto, dal cervello al corpo.

Insomma al tempo dell'intelligenza collettiva non si trovano che apparati digerenti. Si fatica a trovare un essere umano con testa e cuore in fondo a questa melma mediatica.

Allo stesso tempo però non vorrei cadere nella nube tossica del politicamente corretto. Non vorrei, che per apparire rispettabili, perdessimo di vista quello che nutre la vita, l'intensità e il coraggio delle idee e delle azioni. Anche a costo di finire nella lista dei cattivi.

Ecco perché sono stato attratto dallo spettacolo di Teho Teardo e Elio Germano "Viaggio al termine della notte" tratto dal romanzo di Louis Ferdinand Céline.

Céline, proprio lui. Il più maledetto di tutti. Il nemico della patria, delle buone maniere, della bella scrittura, dei luoghi comuni. E infine nemico del genere umano.

Perchè a Céline ci ho sempre girato attorno ma rispettando le misure di sicurezza, un'attrazione troppo scorretta, forse.

Per fortuna c'è chi può essermi d'aiuto per entrare in un contatto più diretto con l'opera di Céline:

Teho Teardo e Elio Germano. due artisti che amo e rispetto da tempo. Chi meglio poteva convincermi ad affrontare Céline senza remore.

L'intensa lettura di Elio Germano è sicuramente il punto di forza di questo viaggio negli inferi Celiniani rinforzata dalle intonatamente ossessive, grevi e oscure composizioni di Teho Teardo. La colonna sonora è quasi un itinerario parallelo, una "sideline" di dolce violenza che ti fa entrare nell'atroce racconto.

Sul palco con Teho Teardo alla chitarra ed elettronica ci sono anche Elena de Stabile al violino, Ambra Chiara alla viola, Laura Bisceglia al violoncello e naturalmente Elio Germano che con due semplici microfoni e una lampada riesce al meglio a rappresentare gli orrori della guerra ed il progressivo degrado umano descritto da Céline.

Uno spettacolo emozionante ed intenso come pochi, un modo originale per descrivere e per capire a fondo l'origine di tanto deterioramento dell'umano, anche nell'oggi. Per digerirlo e vomitarlo vivendolo fino in fondo.

Perché il mondo lo si capisce sicuramente meglio vivendolo che giudicandolo da dietro una tastiera.

Basso Piave

Agosto 2016
L'albero e il poeta
dedicato a Evandro Della Serra

Ognuno di noi ha un albero.

Non parlo dell'albero genealogico, nemmeno l'albero della vita della tradizione cabalistica, ma un albero vero di quelli con le radici ben piantate a terra. E' sotto quell'albero che formuli i primi pensieri, dove costruisci la prima capanna, dove ascolti suoni che sembrano raccontare. Almeno per me è stato così.

Nel basso Piave spesso gli alberi crescono lungo le sponde dei fossi o dei canali, ma oramai ce ne sono sempre meno e sembra non valgano più nulla, che abbiano perso senso, come le parole del resto. Legna da ardere, al massimo, ma assai più spesso fonte di pericolo per gli uomini e i loro beni (gli alberi, non appena possono, schiantano al suolo travolgendo tutto) e fonte di sporco (perdono foglie, fiori, frutti, rami. Perdono di tutto e di più). Come dicono da queste parti, l'albero "intriga".

Quando qualche anno fa traslocai a Grassaga, piccola frazione del sandonatese che prende il nome dal canale che l'attraversa, notai subito quel l'enorme pioppo lungo il canale proprio al centro del paese. Forse perché, proprio come il "mio" e come succede spesso agli alberi che crescono sulle sponde dei corsi d'acqua, era storto. Si sporgeva pericolosamente come attratto dall'acqua e lì specchiava le sue forme. Un po' come accade a noi nati lungo i fossi: cresciamo "storti" e attratti dall' acqua. L'acqua era compagna dei giochi estivi e si trasforma in ghiaccio in quelli invernali. Questa stortura è la scoperta del bello dove non te lo aspetteresti, è lo specchiarsi nell'altro, sia nel paesaggio naturale che in quello culturale. Mentre quello che è dritto e sembra normale altro non è che l'igienizzazione di tutto ciò che "intriga" e crea quel deserto nel quale non cresce più nulla. Oggi sembra che del significato della parola "intrigare" resti solo l'accezione dialettale ossia che ingombra, e non quella dell'italiano ovvero ciò che interessa, incuriosisce, attrae.

Ma per fortuna c'è chi continua ad essere così "storto" da sembrare strano, con una crescita non lineare, con radici piantate qui ma con la tendenza a riflettersi nell'altro da sé. Noi fatti così non sappiamo scegliere tra cielo e acqua, tra i merli e le carpe, tra le ninfee e le ortiche perché ci piacciono i colori di tutti questi mondi. Come gli alberi storti siamo di confine tra terra e acqua, tra cielo e mondo sommerso e ci piace sporgersi oltre le frontiere, anche quando sembra pericoloso. Disgraziatamente quell'albero lungo il Grassaga qualche tempo fa è caduto dopo un temporale. E' stato un giorno triste alleviato solo dalla speranza che le spore sparse facciano crescere altri alberi che brillino riflessi nell'acqua.

Successivamente ho saputo che quell'albero fu piantato dal nonno del poeta Evandro Della Serra il giorno della sua nascita, insomma era il suo albero. Ora che il poeta ci ha lasciati il dolore è alleviato solo dalla speranza che le spore da lui sparse (le sue parole, le sue poesie) facciano crescere altri "storti" che si sporgano alla scoperta di mondi dall'indefinibile bellezza.

Opere di Evandro Della Serra:

•*Controversi, Chioggia 2009. Con Mery Nordio.*

•*Di Sabbia e di Sassi, Chioggia 2010. Con Mery Nordio.*

•*De Amor e de altri strafanti, Jesolo 2010. Con Giovanna Digito.*

•*Verrà la morte e avrà il tuo naso, 2011 con Pietro Vanessi.*

•*Scaraboci. Quarto d'Altino 2011. Ed.Mimisol.*

•*Didascalie. San Donà di Piave, 2012 Con Mascia Melocchi.*

•*Faive. Milano 2014,ed. del foglio clandestino.*

•*Existenz Roma 2015, Con Pietro Vanessi.*

Giugno 2015
La casa della Giulia

Quando ero bambino a casa mia c'era una stanza segreta.
Era una stanza ma si chiamava "casa della Giulia" ed è stata
un affascinante mistero per tutta la mia infanzia. Chissà perché
non si poteva entrare? Cosa nascondeva? E perché quel nome?
Giulia, una fata o una strega?

In famiglia eravamo in nove e quella stanza avrebbe fatto
comodo, ma mia nonna era intransigente: "quella è la casa della
Giulia e basta!".

Chi sarà mai questa Giulia, mi domandavo, e intanto spiavo
nella stanza ma non riuscivo a capire cosa ci fosse di strano lì
dentro. Dovetti aspettare di diventare più grande, di avere l'età di
un "pulcino" (calcisticamente parlando 10 anni circa), perché il
mistero mi fosse svelato.

Un giorno mentre mia nonna raggruppava sopra l'armadio
della camera da letto, come faceva regolarmente, zucchero, pasta
e altre cibarie non ben precisate nascondendoli dietro l'alta
cornice domandai:

"Nonna, perché nascondi quelle cose?"

"Sia mai che torni la carestia"

Non capivo bene cosa volesse dire ma mi venne spontaneo
domandare:

"Perché non li metti nella casa della Giulia?"

Vidi gli occhi di mia nonna inumidirsi mentre mi diceva:

*"Giulia potrebbe avere bisogno di quella stanza e deve
essere sempre a posto."*

"Ma chi è questa Giulia?"

"Vedi Andrea, tua nonna, ancora ragazza, nel cuore di una notte di tanti anni fa, fu costretta a scappare senza sapere dove andare e diventò profuga di guerra. Dopo giorni di viaggio senza quasi niente da mangiare arrivai sfinita a casa di una signora che mi accolse come una della sua famiglia. Quella signora si chiamava Giulia. Rimasi lì fino alla fine della guerra. Le ho promesso che se avesse avuto bisogno avrebbe avuto sempre un posto, una stanza a casa mia. Ecco perché quella stanza si chiama della Giulia".

Solo più tardi, da adolescente, capii il significato delle parole carestia e profuga ma da subito capii che bisognava essere molto grati alla signora Giulia ed era giusto preservare per lei un comodo posto dove rifugiarsi in caso di bisogno.

Questa storia è simile alle storie di centinaia di altre famiglie del mio territorio, il basso Piave, sfollati durante le guerre, ma nonostante ciò sembra che siano andate perse le nostre connessioni con la storia, con la memoria. O forse la nostra memoria sta lì nei nostri corpi, sotto la superficie delle nostre vite. E' solo che molti di noi se ne sono dimenticati perché siamo entrati in quel terzo di umanità che si gode le risorse dell'intero pianeta. Un terzo dell'umanità che è armata fino ai denti e che si riempie di ansiolitici pur di difendere i suoi livelli di vita e di consumo contro chi fa quello che fecero i nostri nonni.

Per questo vivo le parole del sindaco del mio paese natale (Musile di Piave) contro i profughi non solo prive di memoria ma oramai prive di quell' umanità e di quella solidarietà che ha sempre contraddistinto la nostra gente.

Maggio 2015
La Piave e il 24 maggio

Fino alla Grande Guerra, il «fiume sacro alla Patria» era femminile, madre feconda e generosa, poi è diventato maschile. Oggi, a prima vista, la Piave rappresenta l'emblema di come l'uomo si è allontanato dall'acqua, fonte di vita, sottoponendola a una logica di mero sfruttamento. E purtroppo è diventato anche oggetto (al maschile) di propaganda patriottica e di esclusione: "Non passa lo straniero".

Che al maschile piaccia ai nostalgici di Casa Pound, Salviners e fasci vari è da mettere in conto ma il suo nome è "La Piave".

La Piave ci piace quando la sua linea si arrotonda e le sue dolci curve seducono, quando le sue acque eccedono e creano fertilità e rigogliosa vita, perché questa è la sua natura.

Chi lo vorrebbe dritto come un fucile, costretto tra alti argini, ripulito da ogni vegetazione o addirittura barriera contro vecchie e nuove paure non ama La Piave madre del nostro territorio ma adora Il Piave semplice soldato agli ordini dell'uomo e delle sue esigenze.

gennaio 2015
La Piave dentro

La nostra è terra di acqua, di bonifica, di fiumi e canali che diventano di grande attualità solo nelle emergenze. Un Territorio che con le bonifiche ha fatto sparire il precedente mondo anfibio incolpandolo di essere causa di tutti i mali e di tutte le miserie. Eppure chi abitava fino all'inizio del secolo scorso i palù, i prati umidi e quel confine incerto tra terra e acqua non trovava quel habitat così inospitale. Infatti in molti si opposero alle bonifiche per paura di perdere il diritto di usufruire dei prodotti spontanei delle zone umide, cosa che puntualmente avvenne.

Il paesaggio negli anni subì un totale ribaltamento e il rapporto con l'acqua venne meno, o meglio l'acqua divenne esclusivamente risorsa da sfruttare e imprigionata in canali dritti come fusi, ingoiata dalle idrovore, nascosta alla vista da alti argini. Questo cambia anche la vita delle persone che da "vaghi" (così chiamati perché vagavano nelle zone umide alla ricerca dei frutti spontanei) si trasformano in braccianti o fattori o migranti, diventando pure loro, come l'elemento acqua, pura risorsa per il coltivo e il profitto. L'adattabilità di gente che da sempre ha avuto un terreno instabile sotto i piedi, abituata a convivere con l'altro da sé, rappresentato dal rapporto vivo con l'acqua (con le sue esigenze e le sue ricchezze) si irrigidisce.

Pochi si accorgono che nella perdita di un rapporto quotidiano, intimo con l'acqua e nella negazione di questo rapporto stanno le vere cause delle catastrofi, della perdita di identità, del continuo degrado del paesaggio, inteso nella sua dimensione relazionale tra uomo e territorio. Quelle eredità culturali diventano zavorra da immolare agli interessi individuali. Cosi anche quel che resta della nostra campagna bonificata diventa "privata" nel duplice senso che aggettivo e participio richiamano. Privata del proprio orizzonte e del proprio paesaggio, si pensi, per fare un solo esempio, al vergognoso degrado ecologico e culturale in cui versa ancora gran parte della capillare rete idraulica, dai canali ai piccoli fossi fino alla Piave stessa. E, come non bastasse, si continua a permettere la sottrazione di terreno agricolo ad uso edificabile, nonostante un territorio già saturo.

Che sia questa perdita che ci rende più insicuri, ostili all'altro da sé, che ci rende impreparati ai cambiamenti, che non ci permette più di far della necessità virtù?

Riattivare il rapporto con l'acqua, con il paesaggio, con il fiume è forse il miglior modo per interpretare la nostra realtà e renderla più sicura umanizzandola.

Qualcuno dirà che è solo un argomento per pochi romantici che hanno a cuore la bellezza e la poesia ma è sicuramente più utile che perdere tempo con le passioni tristi dei gruppi "xenofobi e securitari" (numerosi anche nel basso Piave) formati da leoni da tastiera che non accettano più l'altro da sé.

maggio 2014
I mangiatori di smog

Sabato mattina, vado in centro a San Donà e scopro che il mercatino agricolo a km 0 si spostato in piazza Indipendenza e in corso Silvio Trentin per l'occasione chiuso al traffico.

"Ottimo senza macchine è molto meglio, c'è anche molta più gente".

La spesa di verdure è divertente persino per mio figlio che cammina libero nella nuova isola pedonale e poi avevo promesso di fargli un piccolo regalo, un libretto, e si sa ogni promessa è un debito, quindi ci avviciniamo al negozio e nella vetrina vedo esposto un cartello giallo contro la ZTL, l'ordinanza che blocca il traffico. Mi fermo per leggere meglio.

"Ma come la strada solitamente piena di macchine ora è piena di gente e questi si lamentano" penso mentre mio figlio mi spinge per entrare e mi chiede:

"Entriamo?"

"No!" gli dico.

"Perché?"

"Perché dentro ci sono i mangiatori di smog".

"E chi sono? "

"Sono coloro che vogliono mangiare il fumo delle macchine"

"E gli piace?"

"Certo ne vanno ghiotti e per di più pensano che piaccia anche a noi, meglio andare a prendere un gelato che è sicuramente più buono. Che dici?"

"Molto più buono!"